Prix ou valeur de la chose à Liv.

1	0. 0. 2	31	0. 5. 2		1. 0. 0. 0
2	0. 0. 4	32	0. 5. 4		2. 0. 0. 0
3	0. 0 6	33	0 5. 6		3. 0. 0. 0
4	0. 0 8	34	0. 5. 8		4. 0. 0. 0
5	0. 0 10	35	0 5.10		5. 0. 0. 0
6	0. 1 0	36	0. 6. 0		6. 0. 0. 0
7	0. 1. 2	37	0. 6. 2		7. 0. 0. 0
8	0. 1. 4	38	0. 6. 4		8. 0. 0. 0
9	0. 1. 6	39	0 6 6		9. 0. 0. 0
10	0. 1. 8	40	0. 6. 8		10. 0. 0. 1
11	0. 1 10	41	0. 6.10		11. 0. 0. 1
12	0. 2. 0	42	0. 7. 0		12. 0. 0. 1
13	0 2 2	43	0. 7. 2		13. 0. 0. 1
14	0. 2. 4	44	0 7 4		14. 0. 0. 1
15	0. 2. 6	45	0. 7. 6		15. 0. 0. 1
16	0. 2 8	46	0. 7. 8		16. 0. 0. 1
17	0. 2 10	47	0. 7.10		17. 0. 0. 1
18	0 3. 0	48	0. 8. 0		18. 0. 0. 1
19	0. 3. 2	49	0. 8. 2		19. 0. 0. 1
20	0 3 4	50	0. 8. 4		1. rien
21	0. 3. 6	60	0.10. 0		2. rien
22	0. 3. 8	70	0.11. 8		3. rien
23	0. 3.10	80	0.13. 4		4. rien
24	0. 4. 0	90	5. 0		5. rien
25	0. 4 2	100	16. 8		6. rien
26	0. 4. 4	200	1.13. 4		7. rien
27	0 4. 6	300	2.10. 0		8. rien
28	0. 4 8	400	3. 6. 8		9. rien
29	0. 4.10	500	4. 3. 4		10. rien
30	0. 5. 0	600	5. 0. 0		11. rien

Prix ou valeur de la chose à sols

Prix ou valeur de la chose à den

2.gros ou 1.quart d'on.du poids de 15.on.

Prix en valeur de la chose à Liv.									Prix en valeur de la chose à sols			
1	0. 0. 4		31	0.10. 4		1.	0. 0. 0
2	0. 0. 8		32	0.10. 8		2.	0. 0. 0
3	0. 1. 0		33	0.11. 0		3	0. 0. 0
4	0. 1. 4		34	0 11. 4		4.	0. 0. 0
5	0. 1. 8		35	0.11. 8		5	0. 0. 1
6	0. 2. 0		36	0.12. 0		6	0. 0. 1
7	0. 2. 4		37	0.12. 4		7.	0. 0. 1
8	0. 2. 8		38	0.12. 8		8.	0. 0. 1
9	0. 3. 0		39	0.13. 0		9.	0. 0. 1
10	0. 3. 4		40	0.13. 4		10.	0. 0. 2
11	0. 3. 8		41	0 13. 8		11.	0. 0. 2
12	0. 4. 0		42	0.14. 0		12.	0. 0. 2
13	0. 4. 4		43	0 14. 4		13.	0. 0. 2
14	0. 4. 8		44	0.14. 8		14.	0. 0. 2
15	0. 5. 0		45	0.15. 0		15.	0. 0. 3
16	0. 5. 4		46	0.15. 4		16.	0. 0. 3
17	0. 5. 8		47	0.15. 8		17	0. 0. 3
18	0. 6. 0		48	0 16. 0		18.	0. 0. 3
19	0 6. 4		49	0 16. 4		19.	0. 0. 3
20	0. 6. 8		50	0.16. 8		1.	rien
21	0. 7. 0		60	1. 0. 0		2.	rien
22	0. 7. 4		70	1. 3. 4		3.	rien
23	0. 7. 8		80	1. 6. 8		4.	rien
24	0 8. 0		90	1.10. 0		5.	rien
25	0. 8. 4		100	1.13. 4		6.	rien
26	0. 8. 8		200	3 6. 8		7.	rien
27	0. 9. 0		300	5. 0. 0		8.	rien
28	0. 9. 4		400	6.13. 4		9.	rien
29	0. 9. 8		500	8. 6. 8		10.	rien
30	0.10. 0		600	10. 0. 0		11.	rien

Prix ou valeur de la chose à Liu.								Prix ou valeur de la chose à fois			
1	0. 0. 6		31	0.15. 6		1	0. 0. 0				
2	0. 1. 0		32	0.16. 0		2	0. 0. 0				
3	0. 1. 6		33	0.16. 6		3	0. 0. 1				
4	0. 2. 0		34	0.17. 0		4	0. 0. 1				
5	0. 2. 6		35	0.17. 6		5	0. 0. 1				
6	0. 3. 0		36	0.18. 0		6	0. 0. 1				
7	0. 3. 6		37	0.18. 6		7	0. 0. 2				
8	0. 4. 0		38	0.19. 0		8	0. 0. 2				
9	0. 4. 6		39	0.19. 6		9	0. 0. 2				
10	0. 5. 0		40	1. 0. 0		10	0. 0. 3				
11	0. 5. 6		41	1. 0. 6		11	0. 0. 3				
12	0. 6. 0		42	1. 1. 0		12	0. 0. 3				
13	0. 6. 6		43	1. 1. 6		13	0. 0. 4				
14	0. 7. 0		44	1. 2. 0		14	0. 0. 4				
15	0. 7. 6		45	1. 2. 6		15	0. 0. 4				
16	0. 8. 0		46	1. 3. 0		16	0. 0. 5				
17	0. 8. 6		47	1. 3. 6		17	0. 0. 5				
18	0. 9. 0		48	1. 4. 0		18	0. 0. 5				
19	0. 9. 6		49	1. 4. 6		19	0. 0. 5				
20	0.10. 0		50	1. 5. 0		1	rien				
21	0.10. 6		60	1.10. 0		2	rien				
22	0.11. 0		70	1.15. 0		3	rien				
23	0.11. 6		80	2. 0. 0		4	rien				
24	0.12. 0		90	2. 5. 0		5	rien				
25	0.12. 6		100	2.10. 0		6	rien				
26	0.13. 0		200	5. 0. 0		7	rien				
27	0.13. 6		300	7.10. 0		8	rien				
28	0.14. 0		400	10. 0. 0		9	rien				
29	0.14. 6		500	12.10. 0		10	rien				
30	0.15. 0		1000	15. 0. 0		11	rien				

Prix ou valeur de la chose à liv.		Prix ou valeur de la chose à li.		Prix ou valeur de la chose à dem.	
1	0. 0. 8	31	1. 0. 8	1	0. 0. 0
2	0. 1. 4	32	1. 1. 4	2	0. 0. 0
3	0. 2. 0	33	1. 2. 0	3	0. 0. 1
4	0. 2. 8	34	1. 2. 8	4	0. 0. 1
5	0. 3. 4	35	1. 3. 4	5	0. 0. 2
6	0. 4. 0	36	1. 4. 0	6	0. 0. 2
7	0. 4. 8	37	1. 4. 8	7	0. 0. 2
8	0. 5. 4	38	1. 5. 4	8	0. 0. 3
9	0. 6. 0	39	1. 6. 0	9	0. 0. 3
10	0. 6. 8	40	1. 6. 8	10	0. 0. 4
11	0. 7. 4	41	1. 7. 4	11	0. 0. 4
12	0. 8. 0	42	1. 8. 0	12	0. 0. 4
13	0. 8. 8	43	1. 8. 8	13	0. 0. 5
14	0. 9. 4	44	1. 9. 4	14	0. 0. 5
15	0.10. 0	45	1.10. 0	15	0. 0. 6
16	0.10. 8	46	1.10. 8	16	0. 0. 6
17	0.11. 4	47	1.11. 4	17	0. 0. 7
18	0.12. 0	48	1.12. 0	18	0. 0. 7
19	0.12. 8	49	1.12. 8	19	0. 0. 7
20	0.13. 4	50	1.13. 4	1	rien
21	0.14. 0	60	2. 0. 0	2	rien
22	0.14. 8	70	2. 6. 8	3	rien
23	0.15. 4	80	2.13. 4	4	rien
24	0.16. 0	90	3. 0. 0	5	rien
25	0.16. 8	100	3. 6. 8	6	rien
26	0.17. 4	200	6.13. 4	7	rien
27	0.18. 0	300	10. 0. 0	8	rien.
28	0.18. 8	400	13. 6. 8	9	rien
29	0.19. 4	500	16.13. 4	10	rien
30	1. 0. 0	600	20. 0. 0	11	rien

Prix en valeur de la chose à Liv. — Prix ou valeur de la chose à sols — Valeur de la chose à den.

1	0. 0 10	31	1. 5.10	1.	0. 0. 0
2	0. 1. 8	32	1. 6. 8	2.	0. 0. 0
3	0. 2. 6	33	1. 7. 6	3.	0. 0. 1
4	0. 3. 4	34	1. 8. 4	4.	0. 0. 1
5	0. 4 2	35	1 9 2	5.	0. 0. 2
6	0. 5. 0	36	1 10. 0	6.	0. 0. 2
7	0. 5 10	37	1 10 10	7.	0. 0. 3
8	0. 6. 8	38	1.11. 8	8.	0. 0. 3
9	0. 7. 6	39	1 12. 6	9.	0. 0. 4
10	0. 8. 4	40	1.13. 4	10.	0. 0. 5
11	0. 9. 2	41	1.14 2	11.	0. 0 5
12	0 10. 0	42	1 15. 0	12.	0. 0. 6
13	0 10 10	43	1 15 10	13.	0. 0. 6
14	0 11. 8	44	1.16 8	14.	0. 0. 7
15	0.12. 6	45	1.17 6	15.	0. 0. 7
16	0 13. 4	46	1.18. 4	16.	0. 0. 8
17	0.14 2	47	1.19. 2	17.	0. 0. 8
18	0 15. 0	48	2. 0 0	18.	0. 0. 9
19	0.15 10	49	2. 0 10	19.	0. 0. 9
20	0 16. 8	50	2. 1. 8	1.	rien
21	0 17. 6	60	2.10 0	2.	rien
22	0.18. 4	70	2.18. 4	3.	rien
23	0.19. 2	80	3. 6. 8	4.	rien
24	1. 0 0	90	3.15 0	5.	rien
25	1. 0.10	100	4. 3 4	6.	rien
26	1. 1. 8	200	8. 6 8	7.	rien
27	1. 2. 6	300	12.10 0	8.	rien
28	1. 3. 4	400	16.13 4	9.	rien
29	1. 4 2	500	20.16 8	10.	rien
30	1. 5. 0	600	25. 0. 0	11.	rien

Prix ou valeur de la chose à Liv.

1	0. 1. 0	31	1.11. 0
2	0. 2. 0	32	1.12. 0
3	0. 3. 0	33	1.13. 0
4	0. 4. 0	34	1.14 0
5	0. 5. 0	35	1.15. 0
6	0. 6. 0	36	1.16. 0
7	0. 7. 0	37	1.17. 0
8	0. 8. 0	38	1.18. 0
9	0. 9. 0	39	1.19 0
10	0.10 0	40	2. 0. 0
11	0.11 0	41	2. 1. 0
12	0.12 0	42	2. 2. 0
13	0.13 0	43	2. 3. 0
14	0.14 0	44	2. 4. 0
15	0.15. 0	45	2. 5 0
16	0.16. 0	46	2. 6. 0
17	0.17 0	47	2. 7. 0
18	0.18. 0	48	2. 8. 0
19	0.19. 0	49	2. 9. 0
20	1. 0. 0	50	2 10. 0
21	1. 1. 0	60	3. 0. 0
22	1. 2. 0	70	3.10. 0
23	1 .3. 0	80	4. 0. 0
24	1. 4. 0	90	4.10. 0
25	1. 5. 0	100	5. 0. 0
26	1. 6. 0	200	10. 0. 0
27	1. 7. 0	300	15. 0. 0
28	1. 8. 0	400	20. 0. 0
29	1. 9. 0	500	25. 0 0
30	1.10. 0	600	30. 0. 0

Prix ou Valeur de la chose à sols

1	0. 0. 0
2	0. 0. 0
3	0. 0. 1
4	0. 0. 2
5	0. 0. 3
6	0. 4. 3
7	0. 0. 4
8	0. 0. 4
9	0. 0. 5
10	0. 0. 6
11	0. 0. 6
12	0. 0. 7
13	0. 0. 7
14	0. 0. 8
15	0. 0. 9
16	0. 0. 9
17	0. 0.10
18	0. 0 10
19	0. 0.11

Prix ou Valeur de la chose à den.

1	rien
2	rien
3	rien
4	rien
5	rien
6	rien
7	rien
8	rien
9	rien
10	rien
11	rien

Prix ou valeur de la chose 7.gros						Prix ou valeur de la chose à sols		
1	0. 1. 2	31	1.16. 2			1. 0. 0. 0
2	0. 2. 4	32	1.17. 4			2. 0. 0. 1
3	0. 3. 6	33	1.18. 6			3. 0. 0. 2
4	0. 4. 8	34	1.19. 8			4. 0. 0. 3
5	0. 5.10	35	2. 0.10			5. 0. 0. 3
6	0. 7. 0	36	2. 2. 0			6. 0. 0. 4
7	0. 8. 2	37	2. 3. 2			7. 0. 0. 5
8	0. 9. 4	38	2. 4. 4			8. 0. 0. 6
9	0.10. 6	39	2. 5. 6			9. 0. 0 6
10	0.11. 8	40	2. 6. 8			10. 0. 0. 7
11	0.12.10	41	2. 7.10			11. 0. 0. 7
12	0.14. 0	42	2. 9. 0			12. 0. 0. 8
13	0.15. 2	43	2.10. 2			13. 0. 0. 9
14	0.16. 4	44	2.11. 4			14. 0. 0.10
15	0.17. 6	45	2.12. 6			15. 0. 0 10
16	0.18. 8	46	2.13. 8			16. 0. 0.11
17	0.19.10	47	2.14.10			17. 0. 0.11
18	1. 1. 0	48	2.16. 0			18. 0. 1. 0
19	1. 2. 2	49	2.17. 2			19. 0. 1. 1
20	1. 3. 4	50	2.18. 4			1. rien
21	1. 4. 6	60	3.10. 0			2 rien
22	1. 5. 8	70	4. 1. 8			3. rien
23	1. 6.10	80	4.13. 4			4. rien
24	1. 8. 0	90	5. 5. 0			5. rien
25	1. 9. 2	100	5 16. 8			6 rien
26	1.10. 5	200	11.13. 4			7. rien
27	1.11. 6	300	17.10. 0			8 rien
28	1.12. 8	400	23. 6. 8			9. rien
29	1.13.10	500	29. 3. 4			10 rien
30	1.15. 0	600	35. 0. 0			11. rien

(labels: Prix ou valeur de la chose à den. ; Prix ou valeur de la chose à den.)

Prix ou Valeur de la chose à Liv.		Valeur de la chose à sols		Prix ou Valeur de la chose à den.
1 0. 1. 4	31 2. 1. 4	1. 0. 0. 0		
2 0. 2. 8	32 2. 2. 8	2. 0. 0. 1		
3 0. 4. 0	33 2. 4. 0	3. 0. 0. 2		
4 0. 5. 4	34 2. 5. 4	4. 0. 0. 3		
5 0. 6. 8	35 2. 6. 8	5. 0. 0. 4		
6 0. 8. 0	36 2. 8. 0	6. 0. 0. 5		
7 0. 9. 4	37 2. 9. 4	7. 0. 0. 5		
8 0.10. 8	38 2.10. 8	8. 0. 0. 6		
9 0.11. 0	39 2.12. 0	9. 0. 0. 7		
10 0.13. 4	40 2.13. 4	10. 0. 0. 8		
11 0.14. 8	41 2.14. 8	11. 0. 0. 9		
12 0.16. 0	42 2.16. 0	12. 0. 0.10		
13 0.17. 4	43 2.17. 4	13. 0. 0.10		
14 0.18. 8	44 2.18. 8	14. 0. 0.11		
15 1. 0. 0	45 3. 0. 0	15. 0. 1. 0		
16 1. 1. 4	46 3. 1. 4	16. 0. 1. 0		
17 1. 2. 8	47 3. 2. 8	17. 0. 1. 1		
18 1. 4. 0	48 3. 4. 0	18. 0. 1. 2		
19 1. 5. 4	49 3. 5. 4	19. 0. 1. 4		
20 1. 6. 8	50 3. 6. 8	1. rien		
21 1. 8. 0	60 4. 0. 0	2. rien		
22 1. 9. 4	70 4.13. 4	3. rien		
23 1.10. 8	80 5. 6. 8	4. rien		
24 1.12. 0	90 6. 0. 0	5. rien		
25 1.13. 4	100 6.13. 4	6. rien		
26 1.14. 8	200 13. 6. 8	7. rien		
27 1.16. 0	300 20. 0. 0	8. rien		
28 1.17. 4	400 26.13. 4	9. rien		
29 1.18. 8	500 33. 6. 8	10. rien		
30 2. 0. 0	600 40. 0. 0	11. rien		

Prix ou Valeur de la chose à Liu.								Prix ou Valeur de sa chose à soit. / Prix ou Valeur de la chose à den.			
1	0.	2.	8	31	4.	2.	8	1.	0.	0.	1
2	0.	5.	4	32	4.	5.	4	2.	0.	0.	3
3	0.	8.	0	33	4.	8.	0	3.	0.	0.	4
4	0.	10.	8	34	4.	10.	8	4.	0.	0.	6
5	0.	13.	4	35	4.	13.	4	5.	0.	0.	8
6	0.	16.	0	36	4.	16.	0	6.	0.	0.	9
7	0.	18.	8	37	4.	18.	8	7.	0.	0.	10
8	1.	1.	4	38	5.	1.	4	8.	0.	1.	0
9	1.	4.	0	39	5.	4.	0	9.	0.	1.	2
10	1.	6.	8	40	5.	6.	8	10.	0.	1.	4
11	1.	9.	4	41	5.	9.	4	11.	0.	1.	5
12	1.	12.	0	42	5.	12.	0	12.	0.	1.	7
13	1.	14.	8	43	5.	14.	8	13.	0.	1.	8
14	1.	17.	4	44	5.	17.	4	14.	0.	1.	10
15	2.	0.	0	45	6.	0.	0	15.	0.	2.	0
16	2.	2.	8	46	6.	2.	8	16.	0.	2.	1
17	2.	5.	4	47	6.	5.	4	17.	0.	2.	3
18	2.	8.	0	48	6.	8.	0	18.	0.	2.	4
19	2.	10.	8	49	6.	10.	8	19.	0.	2.	6
20	2.	13.	4	50	6.	13.	4	1.	rien		
21	2.	16.	0	60	8.	0.	0	2.	rien		
22	2.	18.	8	70	9.	6.	8	3.	rien		
23	3.	1.	4	80	10.	13.	4	4.	rien		
24	3.	4.	0	90	12.	0.	0	5.	rien		
25	3.	6.	8	100	13.	6.	8	6.	rien		
26	3.	9.	4	200	26.	13.	4	7.	rien		
27	3.	12.	0	300	40.	0.	0	8.	rien		
28	3.	14.	8	400	53.	6.	8	9.	rien		
29	3.	17.	4	500	66.	13.	4	10.	rien		
30	4.	0.	0	600	80.	0.	0	11.	rien		

Prix ou Valeur de la chose à Liu.		Prix ou Valeur de la chose à fois.	Prix ou Valeur de la chose à dem.
1 0. 4. 0	31 6. 4. 0	1. 0. 0. 2	
2 0. 8. 0	32 6. 8. 0	2. 0. 0. 4	
3 0.12. 0	33 6.12. 0	3. 0. 0. 7	
4 0.16. 0	34 6.16. 0	4. 0. 0. 9	
5 1. 0. 0	35 7. 0. 0	5. 0. 1. 0	
6 1. 4. 0	36 7. 4. 0	6. 0. 1. 2	
7 1. 8. 0	37 7. 8. 0	7. 0. 1. 4	
8 1.12. 0	38 7.12. 0	8. 0. 1. 6	
9 1.16. 0	39 7.16. 0	9. 0. 1. 9	
10 2. 0. 0	40 8. 0. 0	10. 0. 2. 0	
11 2. 4. 0	41 8. 4. 0	11. 0. 2. 2	
12 2. 8. 0	42 8. 8. 0	12. 0. 2. 4	
13 2.12. 0	43 8.12. 0	13. 0. 2. 7	
14 2.16. 0	44 8.16. 0	14. 0. 2. 9	
15 3. 0. 0	45 9. 0. 0	15. 0. 3. 0	
16 3. 4. 0	46 9. 4. 0	16. 0. 3. 2	
17 3. 8. 0	47 9. 8. 0	17. 0. 3. 4	
18 3.12. 0	48 9.12. 0	18. 0. 3. 7	
19 3.16. 0	49 9.16. 0	19. 0. 3. 9	
20 4. 0. 0	50 10. 0. 0		1. rien
21 4. 4. 0	60 12. 0. 0		2. rien
22 4. 8. 0	70 14. 0. 0		3. rien
23 4.12. 0	80 16. 0. 0		4. rien
24 4.16. 0	90 18. 0. 0		5. rien
25 5. 0. 0	100 20. 0. 0	6. 0. 0. 1	
26 5. 4. 0	200 40. 0. 0	7. 0. 0. 1	
27 5. 8. 0	300 60. 0. 0	8. 0. 0. 1	
28 5.12. 0	400 80. 0. 0	9. 0. 0. 1	
29 5.16. 0	500 100. 0. 0	10. 0. 0. 1	
30 6. 0. 0	600 120. 0. 0	11. 0. 0. 2	

áã
P

4. Onces du poids de la Soye de 15. onces.

Prix ou Valeur de la chose à Liv.						
1	0. 5. 4	31	8. 5. 4	1.	0. 0. 3
2	0.10. 8	32	8.10. 8	2.	0. 0. 6
3	0.16. 0	33	8.16. 0	3.	0. 0. 9
4	1. 1. 4	34	9. 1. 4	4.	0. 1. 1
5	1. 6. 8	35	9. 6. 8	5.	0. 1. 4
6	1.12. 0	36	9.12. 0	6.	0. 1. 6
7	1.17. 4	37	9.17. 4	7.	0. 1.10
8	2. 2. 8	38	10. 2. 8	8.	0. 2. 2
9	2. 8. 0	39	10. 8. 0	9.	0. 2. 5
10	2.13. 4	40	10.13. 4	10.	0. 2. 8
11	2.18. 8	41	10.18. 8	11.	0. 2.11
12	3. 4. 0	42	11. 4. 0	12.	0. 3. 2
13	3. 9. 4	43	11. 9. 4	13.	0. 3. 5
14	3.14. 8	44	11.14. 8	14.	0. 3. 8
15	4. 0. 0	45	12. 0. 0	15.	0. 4. 0
16	4. 5. 4	46	12. 5. 4	16.	0. 4. 4
17	4.10. 8	47	12.10. 8	17.	0. 4. 7
18	4.16. 0	48	12.16. 0	18.	0. 4.10
19	5. 1. 4	49	13. 1. 4	19.	0. 5. 1
20	5. 6. 8	50	13. 6. 8	1.	rien
21	5.12. 0	60	16. 0. 0	2.	rien
22	5.17. 4	70	18.13. 4	3.	rien
23	6. 2. 8	80	21. 6. 8	4.	rien
24	6. 8. 0	90	24. 0. 0	5.	rien
25	6.13. 4	100	26.13. 4	6.	0. 0. 1
26	6.18. 8	200	53. 6. 8	7.	0. 0. 1
27	7. 4. 0	300	80. 0. 0	8.	0. 0. 2
28	7. 9. 4	400	106.13. 4	9.	0. 0. 2
29	7.14. 8	500	133. 6. 8	10.	0. 0. 2
30	8. 0. 0	600	160. 0. 0	11.	0. 0. 2

(Côté droit : Prix ou Valeur de la chose à sols — la chose à demi — Prix ou Valeur de la chose à...)

Prix ou Valeur de la chose à Livr.				Prix ou Valeur de la chose à fois / Prix ou Valeur de la chose à den.	
1	0. 9. 4	31	14. 9. 4	1.	0. 0. 5
2	0.18. 8	32	14.18. 8	2.	0. 0.11
3	1. 8. 0	33	15. 8. 0	3.	0 1. 4
4	1.17. 4	34	15.17. 4	4.	0. 1.10
5	2. 6. 8	35	16. 6. 8	5.	0. 2. 4
6	2.16. 0	36	16.16. 0	6	0. 2 9
7	3. 5. 4	37	17. 5. 4	7.	0. 3. 2
8	3.14 8	38	17.14. 8	8.	0. 3. 8
9	4. 4. 0	39	18. 4. 0	9.	0 4 2
10	4.13. 4	40	18.13. 4	10.	0. 4. 8
11	5. 2. 8	41	19. 2. 8	11.	0. 5. 1
12	5.12. 0	42	19.12. 0	12.	0. 5. 6
13	6 1. 4	43	20. 1. 4	13.	0. 5.11
14	6.10. 8	44	20.10. 8	14.	0. 6. 4
15	7. 0. 0	45	21. 0. 0	15.	0. 6.10
16	7. 9. 4	46	21. 9. 4	16.	0. 7. 4
17	7.18. 8	47	21.18. 8	17	0. 7.10
18	8. 8. 0	48	22 8. 0	18.	0. 8. 0
19	8 17. 4	49	22 17. 4	19.	0. 8.10
20	9. 6 8	50	23. 6. 8	1.	rien
21	9.16. 0	60	28 0. 0	2.	rien
22	10. 5. 4	70	32.13. 4	3.	0. 0. 1
23	10.14 8	80	37 6. 8	4.	0. 0. 1
24	11. 4 0	90	42. 0. 0	5.	0. 0. 2
25	11.13. 4	100	46.13 4	6.	0. 0. 2
26	12. 2. 8	200	93 6. 8	7	0. 0. 3
27	12.12. 0	300	140. 0. 0	8.	0. 0. 3
28	13. 1. 4	400	186.13. 4	9.	0. 0. 4
29	13 10 8	500	233. 6 8	10.	0. 0. 4
30	14. 0. 0	600	280. 0 0	11.	0. 0. 5

8.Onces du poids de la Soye de 15.onces.

Prix ou valeur de la chose à liv.		Prix ou valeur de la chose à sols
1 0.10. 8	31 16.10. 8	1. 0. 0. 6
2 1. 1. 4	32 17. 1. 4	2. 0. 1. 0
3 1.12. 0	33 17.12. 0	3. 0. 1. 7
4 2. 2. 8	34 18. 2. 8	4. 0. 2. 1
5 2.13. 4	35 18.13. 4	5. 0. 2. 8
6 3. 4. 0	36 19. 4. 0	6. 0. 3. 2
7 3.14. 8	37 19.14. 8	7. 0. 3. 8
8 4. 5. 4	38 20. 5. 4	8. 0. 4. 3
9 4.16. 0	39 20.16. 0	9. 0. 4.10
10 5. 6. 8	40 21. 6. 8	10. 0. 5. 4
11 5.17. 4	41 21.17. 4	11. 0. 5.10
12 6. 8. 0	42 22. 8. 0	12. 0. 6. 5
13 6.18. 8	43 22.18. 8	13. 0. 6.10
14 7. 9. 4	44 23. 9. 4	14. 0. 7. 5
15 8. 0. 0	45 24. 0. 0	15. 0. 8. 0
16 8.10. 8	46 24.10. 8	16. 0. 8. 6
17 9. 1. 4	47 25. 1. 4	17. 0. 9. 1
18 9.12. 0	48 25.12. 0	18. 0. 9. 8
19 10. 2. 8	49 26. 2. 8	19. 0.10. 2
20 10.13. 4	50 26.13. 4	1. 0. 0. 1
21 11. 4. 0	60 32. 0. 0	2. 0. 0. 1
22 11.14. 8	70 37. 6. 8	3. 0. 0. 1
23 12. 5. 4	80 42.13. 4	4. 0. 0. 2
24 12.16. 0	90 48. 0. 0	5. 0. 0. 3
25 13. 6. 8	100 53. 6. 8	6. 0. 0. 3
26 13.17. 4	200 106.13. 4	7. 0. 0. 3
27 14. 8. 0	300 160. 0. 0	8. 0. 0. 4
28 14.18. 8	400 213. 6. 8	9. 0. 0. 5
29 15. 9. 4	500 266.13. 4	10. 0. 0. 5
30 16. 0. 0	600 320. 0. 0	11. 0. 0. 5

Prix ou Valeur de la chose à Liv.				Prix ou Valeur de la chose à den.
1	0.12. 0	31	18.12. 0	1. 0. 0. 7
2	1. 4. 0	32	19. 4. 0	2. 0. 1. 2
3	1.16. 0	33	19.16. 0	3. 0. 1. 9
4	2. 8. 0	34	20. 8. 0	4. 0. 2. 4
5	3. 0. 0	35	21. 0. 0	5. 0. 3. 0
6	3.12. 0	36	21.12. 0	6. 0. 3. 7
7	4. 4. 0	37	22. 4. 0	7. 0. 4. 2
8	4.16. 0	38	22.16. 0	8. 0. 4. 9
9	5. 8. 0	39	23. 8. 0	9. 0. 5. 4
10	6. 0. 0	40	24. 0. 0	10. 0. 6. 0
11	6.12. 0	41	24.12. 0	11. 0. 6. 7
12	7. 4. 0	42	25. 4. 0	12. 0. 7. 2
13	7.16. 0	43	25.16. 0	13. 0. 7. 9
14	8. 8. 0	44	26. 8. 0	14. 0. 8. 4
15	9. 0. 0	45	27. 0. 0	15. 0. 9. 0
16	9.12. 0	46	27.12. 0	16. 0. 9. 6
17	10. 4. 0	47	28. 4. 0	17. 0.10. 1
18	10.16. 0	48	28.16. 0	18. 0.10. 8
19	11. 8. 0	49	29. 8. 0	19. 0.11. 4
20	12. 0. 0	50	30. 0. 0	1. 0. 0. 1
21	12.12. 0	60	36. 0. 0	2. 0. 0. 1
22	13. 4. 0	70	42. 0. 0	3. 0. 0. 1
23	13.16. 0	80	48. 0. 0	4. 0. 0. 2
24	14. 8. 0	90	54. 0. 0	5. 0. 0. 3
25	15. 0. 0	100	60. 0. 0	6. 0. 0. 3
26	15.12. 0	200	120. 0. 0	7. 0. 0. 3
27	16. 4. 0	300	180. 0. 0	8. 0. 0. 4
28	16.16. 0	400	240. 0. 0	9. 0. 0. 5
29	17. 8. 0	500	300. 0. 0	10. 0. 0. 6
30	18. 0. 0	600	360. 0. 0	11. 0. 0. 7

(colonne de droite inférieure : Prix ou Valeur de la chose à l'en.)

Prix ou Valeur de la chose à Liv.		Prix ou Valeur de la chose à sols	Prix ou Valeur de la chose à den.
1 0.13. 4	31 20.13. 4	1. 0. 0. 8	
2 1. 6. 8	32 21. 6. 8	2. 0. 1. 4	
3 2. 0. 0	33 22. 0. 0	3. 0. 2. 0	
4 2.13. 4	34 22.13. 4	4. 0. 2. 8	
5 3. 6. 8	35 23. 6. 8	5. 0. 3. 4	
6 4. 0. 0	36 24. 0. 0	6. 0. 4. 0	
7 4.13. 4	37 24.13. 4	7. 0. 4. 8	
8 5. 6. 8	38 25. 6. 8	8. 0. 5. 4	
9 6. 0. 0	39 26. 0. 0	9. 0. 6. 0	
10 6.13. 4	40 26.13. 4	10. 0. 6. 8	
11 7. 6. 8	41 27. 6. 8	11. 0. 7. 4	
12 8. 0. 0	42 28. 0. 0	12. 0. 8. 0	
13 8.13. 4	43 28.13. 4	13. 0. 8. 8	
14 9. 6. 8	44 29. 6. 8	14. 0. 9. 4	
15 10. 0. 0	45 30. 0. 0	15. 0.10. 0	
16 10.13. 4	46 30.13. 4	16. 0.10. 8	
17 11. 6. 8	47 31. 6. 8	17. 0.11. 4	
18 12. 0. 0	48 32. 0. 0	18. 0.12. 0	
19 12.13. 4	49 32.13. 4	19. 0.12. 8	
20 13. 6. 8	50 33. 6. 8	1. 0. 0. 1	Prix ou Valeur de la chose à den.
21 14. 0. 0	60 40. 0. 0	2. 0. 0. 1	
22 14.13. 4	70 46.13. 4	3. 0. 0. 2	
23 15. 6. 8	80 53. 6. 8	4. 0. 0. 2	
24 16. 0. 0	90 60. 0. 0	5. 0. 0. 3	
25 16.13. 4	100 66.13. 4	6. 0. 0. 4	
26 17. 6. 8	200 133. 6. 8	7. 0. 0. 4	
27 18. 0. 0	300 200. 0. 0	8. 0. 0. 5	
28 18.13. 4	400 266.13. 4	9. 0. 0. 6	
29 19. 6. 8	500 333. 6. 8	10. 0. 0. 7	
30 20. 0. 0	600 400. 0. 0	11. 0. 0. 7	

Prix ou Valeur de la chose à Liu.							Prix ou Valeur de la chose à fols			
1	0.14. 8	31	22.14. 8				1.	0.	0.	8
2	1. 9. 4	32	23. 9. 4				2.	0.	1.	5
3	2. 4. 0	33	24. 4. 0				3.	0.	2.	2
4	2.18. 8	34	24.18 8				4.	0.	2.11	
5	3.13. 4	35	25.13. 4				5	0.	3.	8
6	4. 8. 0	36	26. 8. 0				6.	0.	4.	4
7	5. 2. 8	37	27. 2. 8				7	0.	5.	1
8	5.17. 4	38	27.17. 4				8.	0	5 10	
9	6.12. 0	39	28.12. 0				9	0.	6.	7
10	7. 6. 8	40	29. 6. 8				10.	0.	7.	4
11	8. 1. 4	41	30. 1. 4				11.	0	8.	0
12	8.16 0	42	30.16. 0				12	0.	8.	8
13	9.10. 8	43	31.10. 8				13.	0.	9.	5
14	10. 5. 4	44	32. 5. 4				14.	0.10.	0	
15	11. 0. 0	45	33. 0 0				15.	0.11.	0	
16	11.14. 8	46	33.14 8				16.	0.11.	8	
17	12. 9 4	47	34. 9 4				17.	0.12.	5	
18	13. 4 0	48	35. 4. 0				18.	0.13.	1	
19	13.18. 8	49	35.18. 8				19.	0 13.11		
20	14.13. 4	50	36 13. 4				1.	0.	0.	1
21	15. 8. 0	60	44. 0. 0				2.	0.	0.	1
22	16. 2. 8	70	51. 6. 8				3.	0.	0.	2
23	16.17. 4	80	58.13. 4				4.	0.	0.	3
24	17 12. 0	90	66. 0. 0				5.	0.	0.	4
25	18. 6. 8	100	73. 6. 8				6.	0.	0.	4
26	19. 1. 4	200	146.13. 4				7.	0.	0.	5
27	19.16. 0	300	220. 0. 0				8.	0.	0.	6
28	20.10. 8	400	293. 6. 8				9.	0.	0.	7
29	21. 5. 4	500	366.13 4				10.	0.	0.	7
30	22. 0. 0	600	440. 0. 0				11.	0.	0.	8

Prix ou Valeur de la chose à den.

ü 3

Prix ou Valeur de la chose Liv.				Prix ou Valeur de la chose à sols.	
1	0.16. 0	31	24.16. 0	1. 0. 0. 9	
2	1.12. 0	32	25.12. 0	2. 0. 1. 7	
3	2. 8. 0	33	26. 8. 0	3. 0. 2. 4	
4	3. 4. 0	34	27. 4. 0	4. 0. 3. 2	
5	4. 0. 0	35	28. 0. 0	5. 0. 4. 0	
6	4.16. 0	36	28.16. 0	6. 0. 4. 9	
7	5.12. 0	37	29.12. 0	7. 0. 5. 1	
8	6. 8. 0	38	30. 8. 0	8. 0. 6. 4	
9	7. 4. 0	39	31. 4. 0	9. 0. 7. 2	
10	8. 0. 0	40	32. 0. 0	10. 0. 8. 0	
11	8.16. 0	41	32.16. 0	11. 0. 8. 9	
12	9.12. 0	42	33.12. 0	12. 0. 9. 6	
13	10. 8. 0	43	34. 8. 0	13. 0.10. 4	
14	11. 4. 0	44	35. 4. 0	14. 0.11. 2	
15	12. 0. 0	45	36. 0. 0	15. 0.12. 0	
16	12.16. 0	46	36.16. 0	16. 0.12. 9	
17	13.12. 0	47	37.12. 9	17. 0.13. 6	
18	14. 8. 0	48	38. 8. 0	18. 0.14. 4	
19	15. 4. 0	49	39. 4. 0	19. 0.15. 2	
20	16. 0. 0	50	40. 0. 0		Prix ou Valeur de la chose à den.
21	16.16. 0	60	48. 0. 0	1. 0. 0. 1	
22	17.12. 0	70	56. 0. 0	2. 0. 0. 1	
23	18. 8. 0	80	64. 0. 0	3. 0. 0. 2	
24	19. 4. 0	90	72. 0. 0	4. 0. 0. 3	
25	20. 0. 0	100	80. 0. 0	5. 0. 0. 3	
26	20.16. 0	200	160. 0. 0	6. 0. 0. 4	
27	21.12. 0	300	240. 0. 0	7. 0. 0. 5	
28	22. 8. 0	400	320. 0. 0	8. 0. 0. 6	
29	23. 4. 0	500	400. 0. 0	9. 0. 0. 7	
30	24. 0. 0	600	480. 0. 0	10. 0. 0. 8	
				11. 0. 0. 9	

Prix ou valeur de la chose à Liu.						de la chose à foit			
1	0.17. 4	31	26.17. 4		1.	0.	0.10
2	1.14. 8	32	27.14. 8		2.	0.	1. 8
3	2.12. 0	33	28.12. 0		3.	0.	2. 6
4	3. 9. 4	34	29. 9. 4		4.	0.	3. 5
5	4. 6. 8	35	30. 6. 8		5.	0.	4. 4
6	5. 4. 0	36	31. 4. 0		6.	0.	5. 2
7	6. 1. 4	37	32. 1. 4		7.	0.	6. 0
8	6.18. 8	38	32.18. 8		8.	0.	6.10
9	7.16. 0	39	33.16. 0		9.	0.	7. 9
10	8.13. 4	40	34.13. 4		10.	0.	8. 8
11	9. 0. 8	41	35.10. 8		11.	0.	9. 7
12	10. 8. 0	42	36. 8. 0		12.	0.	10.4
13	11. 5. 4	43	37. 5. 4		13.	0.11.	2
14	12. 2. 8	44	38. 2. 8		14.	0.12.	1
15	13. 0. 0	45	39. 0. 0		15.	0.13.	0
16	13.17. 4	46	39.17. 4		16.	0.13.10	
17	14.14. 8	47	40.14. 8		17.	0.14.	8
18	15.12. 0	48	41.12. 0		18.	0.15.	7
19	16. 9. 4	49	42. 9. 4		19.	0.16.	5
20	17. 6. 8	50	43. 6. 8		1.	0. 0.	1
21	18. 4. 0	60	52. 0. 0		2.	2. 0.	1
22	19. 1. 4	70	60.13. 4		3.	0. 0.	2
23	19.18. 8	80	69. 6. 8		4.	0. 0.	3
24	20.16. 0	90	78. 0. 0		5.	0. 0.	4
25	21.13. 4	100	86.13. 4		6.	0. 0.	5
26	22.10. 8	200	173. 6. 8		7.	0. 0.	6
27	23. 8. 0	300	260. 0. 0		8.	0. 0.	7
28	24. 5. 4	400	346.13. 4		9.	0. 0.	8
29	25. 2. 8	500	433. 6. 8		10.	0. 0.	9
30	26. 0. 0	600	520. 0. 0		11.	0. 0.10	

Prix en valeur de la chose de...

Prix en Valeur de la chose a Liv.		Prix ou Valeur de la chose ... nols.
1 0.18. 8	31 28.18. 8	1. 0. 0.11
2 1.17. 4	32 29.17. 4	2. 0. 1.10
3 2.16. 0	33 30.16. 0	3. 0. 2. 9
4 3.14. 8	34 31.14. 8	4. 0. 3. 8
5 4.13. 4	35 32.13. 4	5. 0. 4. 8
6 5.12. 0	36 33.12. 0	6. 0. 5. 7
7 6.10. 8	37 34.10. 8	7. 0. 6. 6
8 7. 9. 4	38 35. 9. 4	8. 0. 7. 5
9 8. 8. 0	39 36. 8. 0	9. 0. 8. 4
10 9. 6. 8	40 37. 6. 8	10. 0. 9. 4
11 10. 5. 4	41 38. 5. 4	11. 0.10. 3
12 11. 4. 0	42 39. 4. 0	12. 0.11. 2
13 12. 2. 8	43 40. 2. 8	13. 0.12. 1
14 13. 1. 4	44 41. 1. 4	14. 0.13. 0
15 14. 0. 0	45 42. 0. 0	15. 0.14. 0
16 14.18. 8	46 42.18. 8	16. 0 14.11
17 15.17. 4	47 43.17. 4	17. 0.15.10
18 16.16. 0	48 44.16. 0	18. 0.16. 9
19 17.14. 8	49 45.14. 8	19. 0.17. 8
20 18.13. 4	50 46.13. 4	1. 0. 0. 1
21 19.12. 0	60 56. 0. 0	2. 0. 0. 1
22 20.10. 8	70 65. 6. 8	3. 0. 0. 2
23 21. 9. 4	80 74.13. 4	4. 0. 0. 3
24 22. 8. 0	90 84. 0. 0	5. 0. 0. 4
25 23. 6. 8	100 93. 6. 8	6. 0. 0. 5
26 24. 5. 4	200 186.13. 4	7. 0. 0. 6
27 25. 4. 0	300 280. 0. 0	8. 0. 0. 7
28 26. 2. 8	400 373. 6. 8	9. 0. 0. 8
29 27. 1. 4	500 466.13. 4	10. 0. 0. 9
30 28. 0. 0	600 560. 0. 0	11. 0. 0.10

SVITE
DES
FRACTIONS,

Pour les Aunages & autres Mefures,

COMME

De la Livre du poids de 15. onces.

Des Gros ou Deniers partie de l'Once.

La Reduction du Poids de Ville de Lyon au poids de Marc de 15. onces pour la Soye.

Pour fçavoir combien le Teinturier doit rendre d'une Livre de 15. onces Soye crue que l'on luy donne à teindre le déchet déduit, fuivant les couleurs.

Pour fçavoir les Prix de ce qu'elle revient eftant teinte, fans les frais de la teinture.

O

1.denier du poids de 16,0 nces.
Demy denier du poids de Marc de 8.onces.

Prix ou Valeur de la chose à Liv.							Prix ou Valeur de la chose
1	0. 0. 0	31	0. 1. 7			1.	à sols
2	0. 0. 1	32	0. 1. 8			2.	
3	0. 0. 1	33	0. 1. 8			3.	
4	0. 0. 2	34	0. 1. 9			4.	
5	0. 0. 3	35	0. 1. 9			5.	
6	0. 0. 3	36	0. 1.10			6.	
7	0. 0. 4	37	0. 1.11			7.	
8	0. 0. 5	38	0. 1.11			8.	
9	0. 0. 5	39	0. 2. 0			9.	
10	0. 0. 6	40	0. 2. 1			10.	
11	0. 0. 6	41	0. 2. 1			11.	
12	0. 0. 7	42	0. 2. 3			12.	
13	0. 0. 8	43	0. 2. 3			13.	
14	0. 0. 8	44	0. 2. 4			14.	
15	0. 0. 9	45	0. 2. 4			15.	
16	0. 0.10	46	0. 2. 5			16.	
17	0. 0.10	47	0. 2. 5			17.	
18	0. 0 11	48	0. 2. 6			18.	
19	0. 0.11	49	0. 2. 6			19.	
20	0. 1. 0	50	0. 2. 7			1.	à den.
21	0. 1. 1	60	0. 3. 1			2.	
22	0. 1. 1	70	0. 3. 7			3.	
23	0. 1. 2	80	0. 4. 2			4.	
24	0. 1. 3	90	0. 4. 8			5.	
25	0. 1. 3	100	0. 5. 2			6.	
26	0. 1. 4	200	0.10. 5			7.	
27	0. 1. 4	300	0.15. 7			8.	
28	0. 1. 5	400	1. 0.10			9.	
29	0. 1. 6	500	1. 6. 0			10.	
30	0. 1. 6	600	1.11. 2			11.	

Prix ou Valeur de la chose à Liv						Prix ou Valeur de la chose à sols				Prix ou Valeur de la chose à den	
1	0. 0. 1	31	0. 3. 2		1.	0. 0. 0					
2	0. 0. 2	32	0. 3. 4		2.	0. 0. 0					
3	0. 0. 3	33	0. 3. 5		3.	0. 0. 0					
4	0. 0. 5	34	0. 3. 6		4.	0. 0. 0					
5	0. 0. 6	35	0. 3. 7		5.	0. 0. 0					
6	0. 0. 7	36	0. 3. 9		6.	0. 0. 0					
7	0. 0. 8	37	0. 3.10		7.	0. 0. 0					
8	0. 0.10	38	0 3.11		8.	0. 0. 0					
9	0. 0.11	39	0. 4. 0		9.	0. 0. 0					
10	0. 1. 0	40	0. 4. 2		10.	0. 0. 0					
11	0. 1. 1	41	0. 4. 3		11.	0. 0. 0					
12	0. 1. 3	42	0. 4. 4		12.	0. 0. 0					
13	0. 1. 4	43	0. 4. 5		13.	0. 0. 0					
14	0. 1. 5	44	0. 4. 7		14.	0. 0. 0					
15	0. 1. 6	45	0. 4. 8		15.	0. 0. 0					
16	0. 1. 8	46	0. 4. 9		16.	0. 0. 1					
17	0. 1. 9	47	0. 4.10		17.	0. 0. 1					
18	0. 1.10	48	0. 5. 0		18.	0. 0. 1					
19	0. 1.11	49	0. 5. 1		19.	0. 0. 1					
20	0. 2. 1	50	0 5. 2		1.	rien					
21	0. 2. 2	60	0. 6. 3		2.	rien					
22	0. 2. 3	70	0. 7. 3		3.	rien					
23	0. 2. 4	80	0. 8. 4		4.	rien					
24	0. 2. 6	90	0. 9. 4		5.	rien					
25	0. 2. 7	100	0.10. 5		6.	rien					
26	0. 2. 8	200	1. 0.10		7.	rien					
27	0. 2. 9	300	1.11. 3		8.	rien					
28	0. 2.11	400	2. 1. 8		9.	rien					
29	0. 3. 0	500	2 12. 1		10.	rien					
30	0. 3. 1	600	3. 2. 6		11.	rien					

Prix ou Valeur de la chose à Liv.

						Prix ou Valeur de la chose à fols	
1	0. 0. 3	31	0. 9. 8		1.	0. 0. 0
2	0. 0. 7	32	0.10. 0		2.	0. 0. 0
3	0. 0 11	33	0.10. 3		3.	0. 0. 0
4	0. 1. 3	34	0.10. 7		4.	0. 0. 0
5	0. 1 6	35	0 10.11		5.	0. 0. 0
6	0. 1 10	36	0.11. 3		6.	0. 0. 1
7	0. 2. 2	37	0 11. 6		7.	0. 0. 1
8	0. 2. 6	38	0 11.10		8.	0. 0. 1
9	0. 2. 9	39	0.12. 2		9.	0. 0. 1
10	0. 3. 1	40	0.12. 6		10.	0. 0. 1
11	0. 3. 5	41	0.12. 9		11.	0. 0. 1
12	0. 3. 9	42	0.13. 1		12.	0. 0. 2
13	0. 4. 0	43	0.13. 5		13.	0. 0. 2
14	0. 4. 4	44	0 13. 9		14.	0. 0. 2
15	0. 4. 8	45	0.14. 0		15.	0. 0. 2
16	0. 5. 0	46	0.14. 4		16.	0. 0. 3
17	0. 5. 3	47	0.14. 8		17.	0. 0. 3
18	0 5. 7	48	0.15. 0		18.	0. 0. 3
19	0. 5.11	49	0.15. 3		19.	0. 0. 3
20	0. 6 3	50	0.15. 7			

Prix ou Valeur de la chose à den

21	0. 6. 6	60	0.18. 9		1.	rien
22	0. 6 10	70	1. 1.10		2.	rien
23	0. 7. 2	80	1. 5. 0		3.	rien
24	0. 7. 6	90	1. 8. 0		4.	rien
25	0. 7 9	100	1.11. 3		5.	rien
26	0. 8. 1	200	3. 2. 6		6.	rien
27	0 8. 5	300	4.13. 9		7.	rien
28	0. 8 9	400	6. 5. 0		8.	rien
29	0. 9. 0	500	7.16. 3		9.	rien
30	0. 9. 4	600	9. 7. 6		10.	rien
					11.	rien

Demy Onces du poids de 16.onces.
1.quart d'once du poids de Marc de 8.onces.

Prix ou Valeur de la chose à Liv.				Prix ou Valeur de la chose à fois / à den.	
1	0. 0. 7	31	0.19. 4	1	0. 0. 0. 0
2	0. 1. 3	32	1. 0. 0	2	0. 0. 0. 0
3	0. 1 10	33	1. 0. 7	3	0. 0. 0. 0
4	0. 2. 6	34	1. 1. 3	4	0. 0. 0. 0
5	0. 3. 1	35	1. 1.10	5	0. 0. 0. 1
6	0. 3. 8	36	1. 2. 6	6	0. 0. 0. 1.
7	0. 4. 4	37	1. 3. 1	7	0. 0. 0. 1
8	0. 5. 0	38	1. 3. 8	8	0. 0. 0. 2
9	0. 5. 7	39	1. 4. 4	9	0. 0. 0. 2.
10	0. 6. 2	40	1. 5. 0	10	0. 0. 0. 3
11	0. 6.10	41	1. 5. 7	11	0. 0. 0. 3
12	0. 7. 6	42	1. 6. 2	12	0. 0. 0. 3
13	0. 8. 1	43	1. 6.10	13	0. 0. 0. 4
14	0. 8. 8	44	1. 7. 6	14	0. 0. 0. 4
15	0. 9. 4	45	1. 8. 1	15	0. 0. 0. 5
16	0.10. 0	46	1. 8. 8	16	0. 0. 0. 5
17	0.10. 7	47	1. 9. 4	17	0. 0. 0. 5
18	0.11. 3	48	1 10. 0	18	0. 0. 0. 6
19	0 11.10	49	1 10. 7	19	0. 0. 0. 6
20	0.12 6	50	1.11. 3	1	rien
21	0.13. 1	60	1.17. 4	2	rien
22	0.13. 8	70	2. 3. 8	3	rien
23	0.14 4	80	2 10. 0	4	rien
24	0.15 0	90	2 16 2	5	rien
25	0.15. 7	100	3. 2. 7	6	rien
26	0.16. 3	200	6. 5. 2	7	rien
27	0.16.10	300	9. 7. 9	8	rien
28	0.17. 6	400	12.10. 4	9	rien
29	0.18 1	500	15.12.11	10	rien
30	0.18. 8	600	18.15. 6	11	rien

Prix ou Valeur de la chose à Liv.						Prix ou Valeur de la chose à fois			
1	0. 0.11	31	1. 9. 0	1.	0. 0. 0
2	0. 1.10	32	1.10. 0	2.	0. 0. 0
3	0. 2. 9	33	1.10.11	3.	0. 0. 1
4	0. 3. 9	34	1.11.10	4.	0. 0. 2
5	0. 4. 8	35	1.12. 9	5.	0. 0. 2
6	0. 5. 7	36	1.13. 9	6.	0. 0. 2
7	0. 6. 6	37	1.14. 8	7.	0. 0. 3
8	0. 7. 6	38	1.15. 7	8.	0. 0. 3
9	0. 8. 5	39	1.16. 6	9.	0. 0. 4
10	0. 9. 4	40	1.17. 5	10.	0. 0. 5
11	0.10. 3	41	1.18. 4	11.	0. 0. 6
12	0.11. 2	42	1.19. 3	12.	0. 0. 6
13	0.12. 1	43	2. 0. 3	13.	0. 0. 7
14	0.13. 0	44	2. 1. 2	14.	0. 0. 7
15	0.14. 0	45	2. 2. 1	15.	0. 0. 8
16	0.15. 0	46	2. 3. 1	16.	0. 0. 8
17	0.15.10	47	2. 4. 0	17.	0. 0. 9
18	0.16.10	48	2. 5. 0	18.	0. 0. 9
19	0.17. 9	49	2. 5.11	19.	0. 0.10
20	0.18. 9	50	2. 6.10	1.	rien
21	0.19. 7	60	2.16. 3	2.	rien
22	1. 0. 7	70	3. 5. 6	3.	rien
23	1. 1. 6	80	3.14.10	4.	rien
24	1. 2. 6	90	4. 4. 2	5.	rien
25	1. 3. 4	100	4.13. 8	6.	rien
26	1. 4. 4	200	9. 7. 4	7.	rien
27	1. 5. 3	300	14. 1. 0	8.	rien
28	1. 6. 3	400	18.14. 8	9.	rien
29	1. 7. 2	500	23. 8. 4	10.	rien
30	1. 8. 1	600	28. 2. 0	11.	rien

Prix ou Valeur de la chose à Liv.						Prix ou Valeur de la chose à fois			
1	0. 1. 3	31	1.18. 9	1.	0. 0. 0
2	0. 2. 6	32	2. 0. 0	2.	0. 0. 1
3	0. 3. 9	33	2. 1. 3	3.	0. 0. 1
4	0. 5. 0	34	2. 2. 6	4.	0. 0. 2
5	0. 6. 3	35	2. 3. 9	5.	0. 0. 3
6	0. 7. 6	36	2. 5. 0	6.	0. 0. 4
7	0. 8. 9	37	2. 6. 3	7.	0. 0. 5
8	0.10. 0	38	2. 7. 6	8.	0. 0. 6
9	0.11. 3	39	2. 8. 9	9.	0. 0. 6
10	0.12. 6	40	2.10. 0	10.	0. 0. 7
11	0.13. 9	41	2.11. 3	11.	0. 0. 8
12	0.15. 0	42	2.12. 6	12.	0. 0. 8
13	0.16. 3	43	2.13. 9	13.	0. 0. 9
14	0.17. 6	44	2.15. 0	14.	0. 0. 9
15	0.18. 9	45	2.16. 3	15.	0. 0.11
16	1. 0. 0	46	2.17. 6	16.	0. 0.11
17	1. 1. 3	47	2.18. 9	17.	0. 0.11
18	1. 2. 6	48	3. 0. 0	18.	0. 1. 0
19	1. 3. 9	49	3. 1. 3	19.	0. 1. 1
20	1. 5. 0	50	3. 2. 6		
21	1. 6. 3	60	3.15. 0		
22	1. 7. 6	70	4. 7. 6		
23	1. 8. 9	80	5. 0. 0		
24	1.10. 0	90	5.12. 6		
25	1.11. 3	100	6. 5. 0		
26	1.12. 6	200	12.10. 0		
27	1.13. 9	300	18.15. 0		
28	1.15. 0	400	25. 0. 0		
29	1.16. 3	500	31. 5. 0		
30	1.17. 6	600	37.10. 0		

Prix ou Valeur de la chose à den.

1.	rien
2.	rien
3.	rien
4.	rien
5.	rien
6.	rien
7.	rien
8.	rien
9.	rien
10.	rien
11.	rien

9. 4.

Prix ou Valeur de la chose à Liv.		Prix ou Valeur de la chose à sols		Prix ou Valeur de la chose à den.
1 0. 1. 6	31 2. 8. 4	1. 0. 0. 0	1. rien
2 0. 3. 1	32 2.10. 0	2. 0. 0. 1	2. rien
3 0. 4. 8	33 2.11. 6	3. 0. 0. 2	3. rien
4 0. 6. 3	34 2.13. 1	4. 0. 0. 3	4. rien
5 0. 7. 9	35 2.14. 8	5. 0. 0. 4	5. rien
6 0. 9. 4	36 2.16. 3	6. 0. 0. 5	6. rien
7 0.10.11	37 2.17. 9	7. 0. 0. 6	7. rien
8 0.12. 6	38 2 19. 4	8. 0. 0. 7	8. rien
9 0.14. 0	39 3. 0.11	9. 0. 0. 8	9. rien
10 0.15. 7	40 3. 2. 6	10. 0. 0. 9	10. rien
11 0.17. 2	41 3. 4. 0	11. 0. 0.10	11. rien
12 0.18. 9	42 3. 5. 7	12. 0. 0.11	
13 1. 0. 3	43 3. 7. 2	13. 0. 1. 0	
14 1. 1.10	44 3. 8. 9	14. 0. 1. 0	
15 1. 3. 5	45 3.10. 3	15. 0. 1. 1	
16 1. 5. 0	46 3.11.10	16. 0. 1. 2	
17 1. 6. 6	47 3.13. 5	17. 0. 1. 3	
18 1. 8. 1	48 3.15. 0	18. 0. 1. 4	
19 1. 9. 8	49 3.16. 6	19. 0. 1. 5	
20 1.11. 3	50 3.18. 1		
21 1.12. 9	60 4.13. 9		
22 1.14. 4	70 5. 9. 4		
23 1.15.11	80 6. 5. 0		
24 1.17. 6	90 7. 0. 6		
25 1.19. 0	100 7.16. 2		
26 2. 0. 7	200 15.12. 4		
27 2. 2. 2	300 23. 8. 6		
28 2. 3. 9	400 31. 4. 8		
29 2. 5. 3	500 39. 0.10		
30 2. 6.10	600 46.17. 0		

Prix ou valeur de la chose à Liv.				Prix ou Valeur de la chose à fols	
1	0. 1,10	31	2.18. 1	1.	0. 0. 1
2	0. 3. 9	32	3. 0. 0	2.	0. 0. 2
3	0. 5. 7	33	3. 1.1C	3.	0. 0. 3
4	0. 7. 6	34	3. 3. 9	4.	0. 0. 4
5	0. 9 4	35	3. 5. 7	5.	0 0 5
6	0.11. 3	36	3. 7. 6	6.	0. 0. 6
7	0.13. 1	37	3. 9. 4	7.	0. 0. 7
8	0.15. 0	38	3.11 3	8.	0. 0. 8
9	0.16.10	39	3.13. 1	9	0. 0. 9
10	0.18 9	40	3.15. 0	10.	0. 0.11
11	1. 0 7	41	3.16.10	11.	0. 1. 0
12	1. 2 6	42	3.18. 9	12.	0. 1. 1
13	1. 4 4	43	4. 0. 7	13.	0. 1. 2
14	1. 6. 3	44	4. 2. 6	14.	0. 1. 3
15	1. 8. 1	45	4. 4 4	15.	0. 1. 4
16	1.10 0	46	4. 6. 3	16.	0. 1. 5
17	1.11 10	47	4. 8. 1	17.	0. 1. 6
18	1 13. 9	48	4.10. 0	18.	0. 1. 7
19	1.15. 7	49	4.11.10	19.	0. 1. 9
20	1.17. 6	50	4 13. 9	1.	rien
21	1.19 4	60	5.12. 6	2.	rien
22	2. 1. 3	70	6.11. 2	3.	rien
23	2. 3. 1	80	7.10. 0	4.	rien
24	2 5. 0	90	8. 8. 8	5.	rien
25	2. 6.10	100	9. 7. 6	6.	rien
26	2. 8. 9	200	18.15. 0	7	rien
27	2.10. 7	300	28. 2. 6	8.	rien
28	2.12. 6	400	37.10. 0	9.	rien
29	2.14. 4	500	46.17 6	10.	rien
30	2.16. 3	600	56. 5. 0	11.	rien

Prix ou valeur de la chose à den.

Prix ou valeur de la chose à Liv.

1	0. 2. 2
2	0. 4. 4
3	0. 6. 6
4	0. 8. 9
5	0.10.11
6	0.13. 1
7	0.15. 3
8	0.17. 6
9	0.19. 8
10	1. 1.10
11	1. 4. 1
12	1. 6. 3
13	1. 8. 5
14	1.10. 7
15	1.12. 9
16	1.15. 0
17	1.17. 2
18	1.19. 4
19	2. 1. 6
20	2. 3. 9
21	2. 5.11
22	2. 8. 1
23	2.10. 4
24	2.12. 6
25	2.14. 8
26	2.16 10
27	2.19. 0
28	3. 1. 3
29	3. 3. 5
30	3. 5. 7

31	3. 7. 9
32	3.10. 0
33	3.12. 2
34	3.14. 4
35	3.16. 6
36	3.18. 9
37	4. 0.10
38	4. 3. 1
39	4. 5. 3
40	4. 7. 6
41	4. 9. 8
42	4.11.10
43	4.14 0
44	4..16 3
45	4.18. 5
46	5. 0. 7
47	5. 2. 9
48	5. 5. 0
49	5. 7. 2
50	5. 9. 4
60	6.11. 2
70	7.13. 0
80	8 15. 0
90	9 16.10
100	10 18. 4
200	21.16. 8
300	32.15. 0
400	43 13. 4
500	54 11. 8
600	65.10. 0

Prix ou Valeur de la chose à fois

1	0. 0, 1
2	0. 0. 2
3	0. 0. 3
4	0. 0. 4
5	0. 0. 6
6	0. 0. 7
7	0. 0. 8
8	0. 0. 9
9	0. 0 10
10	0. 1. 1
11	0. 1. 2
12	0. 1. 3
13	0. 1. 4
14	0. 1. 5
15	0. 1. 6
16	0. 1. 7
17	0. 1. 9
18	0. 1.10
19	0. 2. 0

Prix ou Valeur de la chose à den.

1	rien
2	rien
3	rien
4	rien
5	rien
6	rien
7	rien
8	rien
9	rien
10	rien
11	rien

Prix ou valeur de la chose à Liv.				Valeur de la chose à sol				Prix ou valeur de la chose à den.		
1	0. 2. 6	31	3.17. 6	1.	0. 0. 1					
2	0. 5. 0	32	4. 0. 0	2.	0. 0. 3					
3	0. 7. 6	33	4. 2. 6	3.	0. 0. 4					
4	0.10. 0	34	4. 5. 0	4.	0. 0. 6					
5	0.12. 6	35	4. 7. 6	5.	0. 0. 7					
6	0.15. 0	36	4.10. 0	6.	0. 0. 9					
7	0.17. 6	37	4.12. 6	7.	0. 0.10					
8	1. 0. 0	38	4.15. 0	8.	0. 1. 0					
9	1. 2. 6	39	4.17. 6	9.	0. 1. 1					
10	1. 5. 0	40	5. 0. 0	10.	0. 1. 3					
11	1. 7. 6	41	5. 2. 6	11.	0. 1. 4					
12	1.10. 0	42	5. 5. 0	12.	0. 1. 6					
13	1.12. 6	43	5. 7. 6	13.	0. 1. 7					
14	1.15. 0	44	5.10. 0	14.	0. 1. 9					
15	1.17. 6	45	5.12. 6	15.	0. 1.10					
16	2. 0. 0	46	5.15. 0	16.	0. 2. 0					
17	2. 2. 6	47	5.17. 6	17.	0. 2. 1					
18	2. 5. 0	48	6. 0. 0	18.	0. 2. 3					
19	2. 7. 6	49	6. 2. 6	19.	0. 2. 4					
20	2.10. 0	50	6. 5. 0	1.	rien					
21	2.12. 6	60	7.10. 0	2.	rien					
22	2.15. 0	70	8.15. 0	3.	rien					
23	2.17. 6	80	10. 0. 0	4.	rien					
24	3. 0. 0	90	11. 5. 0	5.	rien					
25	3. 2. 6	100	12.10. 0	6.	rien					
26	3. 5. 0	200	25. 0. 0	7.	rien					
27	3. 7. 6	300	37.10. 0	8.	rien					
28	3.10. 0	400	50. 0. 0	9.	rien					
29	3.12. 6	500	62.10. 0	10.	0. 0. 1					
30	3.15. 0	600	75. 0. 0	11.	0. 0. 1					

Prix ou Valeur de la chose à Liv.				Prix ou Valeur de la chose à fois.			
1	0. 3. 9	31	5.16. 3	1.	0. 0 .2		
2	0. 7. 6	32	6. 0. 0	2.	0. 0. 4		
3	0.11. 3	33	6. 3. 9	3.	0. 0. 6		
4	0.15. 0	34	6. 7. 6	4.	0. 0. 8		
5	0.18. 9	35	6.11. 3	5.	0. 0.11		
6	1. 2. 6	36	6.15. 0	6.	0. 1. 1		
7	1. 6. 3	37	6.18. 9	7.	0. 1. 3		
8	1.10. 0	38	7. 2. 6	8.	0. 1. 5		
9	1.13. 9	39	7. 6. 3	9.	0. 1. 8		
10	1.17. 6	40	7.10. 0	10.	0. 1.10		
11	2. 1. 3	41	7.13. 9	11.	0. 2. 1		
12	2. 5. 0	42	7.17. 6	12.	0. 2. 3		
13	2. 8. 9	43	8. 1. 3	13.	0. 2. 5		
14	2.12. 6	44	8. 5. 0	14.	0. 2. 7		
15	2.16. 3	45	8. 8. 9	15.	0. 2. 9		
16	3. 0. 0	46	8.12. 6	16.	0. 2.11		
17	3. 3. 9	47	8.16. 3	17.	0. 3. 2		
18	3. 7. 6	48	9. 0. 0	18.	0. 3. 5		
19	3.11. 3	49	9. 3. 9	19.	0. 3. 7		
20	3.15. 0	50	9. 7. 6	1.	rien		
21	3.18. 9	60	11. 5. 0	2.	rien		
22	4. 2. 6	70	13. 2. 6	3.	rien		
23	4. 6. 3	80	15. 0. 0	4.	rien		
24	4.10. 0	90	16.17. 6	5.	rien		
25	4.13. 9	100	18.15. 0	6.	0. 0. 1		
26	4.17. 6	200	37.10. 0	7.	0. 0. 1		
27	5. 1. 3	300	56. 5. 0	8.	0. 0. 1		
28	5. 5. 0	400	75. 0. 0	9.	0. 0. 1		
29	5. 8. 9	500	93.15. 0	10.	0. 0. 1		
30	5.12. 6	600	112.10. 0	11.	0. 0. 1		

Prix ou valeur de la chose à den.

Prix ou Valeur de la chose à Liv.						prix ou Valeur de la chose à sols			
1	0. 5. 0	31	7.15. 0			1.	0. 0. 3
2	0.10. 0	32	8. 0. 0			2.	0. 0. 6
3	0.15. 0	33	8. 5. 0			3.	0. 0. 9
4	1. 0. 0	34	8.10. 0			4.	0. 1. 0
5	1. 5. 0	35	8.15. 0			5.	0. 1. 3
6	1.10. 0	36	9. 0. 0			6.	0. 1. 6
7	1.15. 0	37	9. 5. 0			7.	0. 1. 9
8	2. 0. 0	38	9.10. 0			8.	0. 2. 0
9	2. 5. 0	39	9.15. 0			9.	0. 2. 3
10	2.10. 0	40	10. 0. 0			10.	0. 2. 6
11	2.15. 0	41	10. 5. 0			11.	0. 2. 9
12	3. 0. 0	42	10.10. 0			12.	0. 3. 0
13	3. 5. 0	43	10.15. 0			13.	0. 3. 3
14	3.10. 0	44	11. 0. 0			14.	0. 3. 6
15	3.15. 0	45	11. 5. 0			15.	0. 3. 9
16	4. 0. 0	46	11.10. 0			16.	0. 4. 0
17	4. 5. 0	47	11.15. 0			17.	0. 4. 3
18	4.10. 0	48	12. 0. 0			18.	0. 4. 6
19	4.15. 0	49	12. 5. 0			19.	0. 4. 9
20	5. 0. 0	50	12.10. 0			*Valeur de la chose à den.* 1.	rien
21	5. 5. 0	60	15. 0. 0			2.	rien
22	5.10. 0	70	17.10. 0			3.	rien
23	5.15. 0	80	20. 0. 0			4.	rien
24	6. 0. 0	90	22.10. 0			5.	rien
25	6. 5. 0	100	25. 0. 0			*Valeur ou prix de la chose à* 6.	0. 0. 1
26	6.10. 0	200	50. 0. 0			7.	0. 0. 1
27	6.15. 0	300	75. 0. 0			8.	0. 0. 1
28	7. 0. 0	400	100. 0. 0			9.	0. 0. 2
29	7. 5. 0	500	125. 0. 0			10.	0. 0. 2
30	7.10. 0	600	150. 0. 0			11.	0. 0. 2

Prix ou valeur de la chose à Liv							Prix ou Valeur de la chose à fois			
1	0. 6. 3		31	9.13. 9		1.	0. 0. 3
2	0.12. 6		32	10. 0. 0		2.	0. 0. 7
3	0.18. 9		33	10. 6. 3		3.	0. 0.10
4	1. 5. 0		34	10.12. 6		4.	0. 1. 2
5	1 11. 3		35	10.18. 9		5.	0. 1. 6
6	1.17. 6		36	11. 5. 0		6.	0. 1. 9
7	2. 3. 9		37	11.11. 3		7.	0. 2. 0
8	2.10. 0		38	11.17. 6		8.	0. 2. 4
9	2.16. 3		39	12. 3. 9		9.	0. 2. 8
10	3. 2. 6		40	12.10. 0		10.	0. 3. 1
11	3. 8. 9		41	12.16. 3		11.	0. 3. 4
12	3.15. 0		42	13. 2. 6		12.	0. 3. 7
13	4. 1. 3		43	13. 8. 9		13.	0. 3.10
14	4. 7. 6		44	13.15. 0		14.	0. 4. 2
15	4.13. 9		45	14. 1. 3		15.	0. 4. 7
16	5. 0. 0		46	14. 7. 6		16.	0. 4.10
17	5. 6. 3		47	14.13. 9		17.	0. 5. 1
18	5.12. 6		48	15. 0. 0		18.	0. 5. 5
19	5.18. 9		49	15. 6. 3		19.	0. 5.10
20	6. 5. 0		50	15 12. 6		1.	0. 0. 0
21	6.11. 3		60	18.15. 0		2.	0. 0. 0
22	6.17. 6		70	21.17. 6		3.	0. 0. 0
23	7. 3. 9		80	25. 0. 0		4.	0. 0. 0
24	7.10. 0		90	28. 2. 6		5.	0. 0. 0
25	7.16. 3		100	31. 5. 0		6.	0. 0. 1
26	8. 2. 6		200	62.10. 0		7.	0. 0. 1
27	8. 8. 9		300	93.15. 0		8.	0. 0. 1
28	8.15. 0		400	125. 0. 0		9.	0. 0. 2
29	9. 1. 3		500	156. 5. 0		10.	0. 0. 2
30	9. 7. 6		600	187.10. 0		11.	0. 0. 2

Prix ou Valeur de la chose à den

Prix ou Valeur de la chose à Liv.				Prix ou Valeur de la chose à sols / à den.	
1	0. 7. 6	31	11.12. 6	1	0. 0. 4
2	0.15. 0	32	12. 0. 0	2	0. 0. 9
3	1. 2. 6	33	12. 7. 6	3	0. 1. 1
4	1.10 0	34	12 15. 0	4	0. 1. 6
5	1.17. 6	35	13. 2. 6	5	0. 1.10
6	2. 5. 0	36	13 10. 0	6	0. 2. 2
7	2.12. 6	37	13 17 6	7	0. 2. 7
8	3. 0. 0	38	14. 5 c	8	0. 3. 0
9	3. 7. 6	39	14.12. 6	9	0. 3. 4
10	3.15. 0	40	15. 0. 0	10	0. 3. 9
11	4. 2. 6	41	15. 7. 6	11	0. 4. 1
12	4.10. 0	42	15.15. 0	12	0. 4. 5
13	4 17. 6	43	16. 2. 6	13	0. 4. 9
14	5. 5. 0	44	16 10. 6	14	0. 5. 2
15	5.12. 6	45	16.17. 6	15	0. 5. 7
16	6. 0. 0	46	17. 5. 0	16	0. 6. 0
17	6. 7. 6	47	17.12. 6	17	0. 6. 4
18	6 15. 0	48	18. 0. 0	18	0. 6. 8
19	7. 2. 6	49	18. 7. 6	19	0. 7. 1
20	7.10. 0	50	18.15. 0	1	0. 0. 0
21	7.17. 6	60	22.10. 0	2	0. 0. 0
22	8. 5. 0	70	26. 5. 0	3	0. 0. 1
23	8.12. 6	80	30. 0. 0	4	0. 0. 1
24	9. 0. 0	90	33.15. 0	5	0. 0. 1
25	9. 7. 6	100	37.10. 0	6	0. 0. 2
26	9.15. 0	200	75. 0. 0	7	0. 0. 2
27	10. 2. 6	300	112.10. 0	8	0. 0. 2
28	10.10. 0	400	150. 0. 0	9	0. 0. 3
29	10.17. 6	500	187.10. 0	10	0. 0. 3
30	11. 5. 0	600	225. 0. 0	11	0. 0. 4

Prix ou Valeur de la chose à Liv.							Prix ou Valeur de la chose à fois			
1	0. 8. 9		31	13.11. 3		1.	0. 0. 5
2	0 17. 6		32	14 0. 0		2.	0. 0 10
3	1. 6 3		33	14. 8. 9		3.	0. 1. 3
4	1.15. 0		34	14.17. 6		4.	0. 1. 9
5	2. 3. 9		35	15. 6. 3		5.	0. 2. 2
6	2.12. 6		36	15.15. 0		6	0. 2. 7
7	3 1 3		37	16. 3. 9		7.	0. 3. 0
8	3 10 0		38	16.12. 6		8.	0. 3 6
9	3.18. 9		39	17. 1. 3		9.	0. 3.11
10	4. 7. 6		40	17.10. 0		10.	0. 4. 4
11	4 16. 3		41	17.18. 9		11.	0. 4. 9
12	5. 5. 0		42	18. 7. 6		12.	0. 5. 2
13	5 13. 9		43	18.16. 3		13.	0. 5. 7
14	6. 2. 6		44	19. 5. 0		14.	0. 6. 0
15	6.11. 3		45	19.13. 9		15.	0. 6. 6
16	7. 0. 0		46	20. 2. 6		16.	0. 7. 0
17	7. 8. 9		47	20.11. 3		17	0. 7. 5
18	7.17. 6		48	21. 0. 0		18.	0. 7.10
19	8. 6. 3		49	21. 8. 9		19.	0. 8. 4
20	8.15 0		50	21.17. 6			Prix ou Valeur de la chose à den.
21	9. 3. 9		60	26. 5. 0		1.	0. 0. 0
22	9 12 6		70	30.12. 6		2.	0. 0. 0
23	10. 1. 3		80	35. 0. 0		3.	0. 0. 1
24	10.10 0		90	39. 7. 6		4.	0. 0. 1
25	10.18. 9		100	43.15. 0		5.	0. 0. 2
26	11. 7. 6		200	87.10. 0		6.	0. 0. 2
27	11.16. 3		300	131. 5. 0		7.	0. 0. 3
28	12. 5. 0		400	175. 0. 0		8.	0. 0. 3
29	12.13. 9		500	218.15. 0		9.	0. 0. 3
30	13. 2. 6		600	262.10. 0		10.	0. 0. 4
						11.	0. 0. 4

Prix ou Valeur de la chose à Liv.					Prix ou Valeur de la chose à sols / den.	
1	0.10. 0	31	15.10. 0	1.	0. 0.	6
2	1. 0. 0	32	16. 0. 0	2.	0. 1.	0
3	1.10. 0	33	16.10. 0	3.	0. 1.	6
4	2. 0. 0	34	17. 0. 0	4.	0. 2.	0
5	2.10. 0	35	17.10. 0	5.	0. 2.	6
6	3. 0. 0	36	18. 0. 0	6.	0. 3.	0
7	3.10. 0	37	18.10. 0	7.	0. 3.	6
8	4. 0. 0	38	19. 0. 0	8.	0. 4.	0
9	4.10. 0	39	19.10. 0	9.	0. 4.	6
10	5. 0. 0	40	20. 0. 0	10.	0. 5.	0
11	5.10. 0	41	20.10. 0	11.	0. 5.	6
22	6. 0. 0	42	21. 0. 0	12.	0. 6.	0
13	6.10. 0	43	21.10. 0	13.	0. 6.	6
14	7. 0. 0	44	22. 0. 0	14.	0. 7.	0
15	7.10. 0	45	22.10. 0	15.	0. 7.	6
16	8. 0. 0	46	23. 0. 0	16.	0. 8.	0
17	8.10. 0	47	23.10. 0	17.	0. 8.	6
18	9. 0. 0	48	24. 0. 0	18.	0. 9.	0
19	9.10. 0	49	24.10. 0	19.	0. 9.	6
20	10. 0. 0	50	25. 0. 0	1.	rien	
21	10.10. 0	60	30. 0. 0	2.	0. 0.	1
22	11. 0. 0	70	35. 0. 0	3.	0. 0.	1
23	11.10. 0	80	40. 0. 0	4.	0. 0.	2
24	12. 0. 0	90	45. 0. 0	5.	0. 0.	2
25	12.10. 0	100	50. 0. 0	6.	0. 0.	3
26	13. 0. 0	100	100. 0. 0	7.	0. 0.	3
27	13.10. 0	300	150. 0. 0	8.	0. 0.	4
28	14. 0. 0	400	200. 0. 0	9.	0. 0.	4
29	14.10. 0	500	250. 0. 0	10.	0. 0.	5
30	15. 0. 0	600	300. 0. 0	11.	0. 0.	5

	Prix ou valeur de la chose à Liv.		Prix ou valeur de la chose à sols	
1	0.11. 3	31	17. 8. 9	1. 0. 0. 6
2	1. 2. 6	32	18. 0. 0	2. 0. 1. 1
3	1.13. 9	33	18.11. 3	3. 0. 1. 7
4	2. 5. 0	34	19. 2. 6	4. 0. 2. 2
5	2.16. 3	35	19.13. 9	5. 0. 2. 9
6	3. 7. 6	36	20. 5. 0	6. 0. 3. 3
7	3.18. 9	37	20.16. 3	7. 0 3.10
8	4.10. 0	38	21. 7. 6	8. 0. 4. 4
9	5. 1. 3	39	21.18. 9	9. 0. 4 11
10	5.12. 6	40	22.10. 0	10. 0. 5. 7
11	6. 3. 9	41	23. 1. 3	11. 0. 6. 1
12	6.15. 0	42	23.12. 6	12. 0. 6. 7
13	7. 6. 3	43	24. 3. 9	13. 0. 7. 1
14	7.17. 6	44	24.15. 0	14. 0. 7. 8
15	8. 8. 9	45	25. 6. 3	15. 0. 8. 4
16	9. 0. 0	46	25.17. 6	16. 0. 8.10
17	9.11. 3	47	26. 8. 9	17. 0. 9. 4
18	10. 2. 6	48	27. 0. 0	18. 0. 9.10
19	10.13. 9	49	27.11. 3	19. 0.10 7
20	11. 5. 0	50	28. 2. 6	Prix ou valeur de la chose à den.
21	11.16. 3	60	33.15. 0	1. 0. 0. 0
22	12. 7. 6	70	39. 7. 6	2. 0. 0. 1
23	12.18. 9	80	45. 0. 0	3. 0. 0. 1
24	13.10. 0	90	50.12. 6	4. 0. 0. 2
25	14. 1. 3	100	56. 5. 0	5. 0. 0. 2
26	14.12. 6	200	112.10. 0	6. 0. 0. 3
27	15. 3. 9	300	168.15. 0	7. 0. 0. 3
28	15.15. 0	400	225. 0. 0	8. 0. 0. 4
29	16. 6. 3	500	281. 5. 0	9. 0. 0. 4
30	16.17. 6	600	337.10. 0	10. 0. 0. 5
				11. 0. 0. 5

Prix ou valeur de la chose à Liv.		Prix ou Valeur de la chose à sols.
1 0.12. 6	31 19. 7. 6	1. 0. 0. 7
2 1. 5. 0	32 20. 0. 0	2. 0. 1. 3
3 1.17. 6	33 20.12. 6	3. 0. 1.10
4 2.10. 0	34 21. 5. 0	4. 0. 2. 6
5 3. 2. 6	35 21 17. 6	5. 0. 3. 1
6 3.15. 0	36 22 10. 0	6. 0. 3. 8
7 4. 7. 6	37 23. 2. 6	7. 0. 4. 4
8 5. 0. 0	38 23.15. 0	8. 0. 5. 0
9 5.12. 6	39 24. 7. 6	9. 0. 5. 7
10 6. 5. 0	40 25. 0. 0	10. 0. 6. 3
11 6.17. 6	41 25.12. 6	11. 0. 6.10
12 7.10. 0	42 26. 5. 0	12. 0. 7. 5
13 8. 2. 6	43 26.17. 6	13. 0. 8. 0
14 8 15. 0	44 27.10. 0	14. 0 8. 8
15 9. 7. 6	45 28. 2. 6	15. 0. 9. 4
16 10. 0. 0	46 28.15. 0	16. 0.10. 0
17 10.12 6	47 29. 7. 6	17. 0.10. 7
18 11 5. 0	48 30. 0. 0	18. 0.11. 2
19 11.17. 6	49 30.12 6	19. 0.11.10
20 12 10. 0	50 31. 5. 0	1. rien
21 13. 2. 6	60 37.10 0	2. 0. 0. ƚ
22 13.15. 0	70 43.15. 0	3. 0. 0. 1
23 14. 7. 6	80 50. 0. 0	4. 0. 0. 2
24 15. 0 0	90 56. 5. 0	5. 0. 0. 2
25 15.12. 6	100 62.10. 0	6. 0. 0. 3
26 16. 5. 0	200 125. 0. 0	7. 0. 0. 4
27 16.17. 6	300 187.10. 0	8. 0. 0. 4
28 17.10. 0	400 250. 0. 0	9. 0. 0. 5
29 18. 2. 6	500 312.10. 0	10. 0. 0. 5
30 18.15. 0	600 375. 0. 0	11. 0. 0. 6

Prix ou Valeur de la chose à dm.

4

Prix ou valeur de la chose à Liv.		Prix ou valeur de la chose à fois	
1	0.13. 9	31	21. 6. 3
2	1. 7. 6	32	22. 0. 0
3	2. 1. 3	33	22.13. 9
4	2 15. 0	34	23. 7. 6
5	3. 8 9	35	24. 1. 3
6	4. 2. 6	36	24 15. 0
7	4.16. 3	37	25. 8. 9
8	5.10. 0	38	26 2 6
9	6. 3 9	39	26 16. 3
10	6 17 6	40	27.10. 0
11	7.11. 3	41	28. 3. 9
12	8. 5. 0	42	28 17. 6
13	8.18. 9	43	29 11. 3
14	9.12. 6	44	30. 5. 0
15	10. 6. 3	45	30.18 9
16	11. 0. 0	46	31 12. 6
17	11.13. 9	47	32. 6. 3
18	12 7. 6	48	33. 0. 0
19	13. 1. 3	49	33.13. 9
20	13.15. 0	50	34. 7. 6
21	14. 8. 9	60	41. 5. 0
22	15. 2. 6	70	48. 2 6
23	15.16. 3	80	55. 0. 0
24	16.10. 0	90	61 17. 6
25	17. 3. 9	100	68.15. 0
26	17.17. 6	200	137.10 0
27	18.11. 3	300	206. 5. 0
28	19. 5. 0	400	275. 0. 0
29	19.18. 9	500	343.15 0
30	20.12. 6	600	412.10. 0

Prix ou valeur de la chose à fois

1	0. 0. 8
2	0. 1. 4
3	0. 2. 0
4	0. 2. 9
5	0 3. 5
6	0. 4. 1
7	0. 4. 9
8	0 5. 6
9	0 6. 2
10	0. 6.10
11	0 7. 6
12	0. 8. 2
13	0. 8.10
14	0. 9. 6
15	0.10. 3
16	0.11. 0
17	0.11. 8
18	0 12. 4
19	0 13. 0

Prix ou valeur de la chose à den.

1	0. 0. 1
2	0. 0. 1
3	0. 0. 2
4	0. 0. 2
5	0. 0. 3
6	0. 0. 4
7	0. 0. 4
8	0. 0. 5
9	0. 0. 6
10	0. 0. 6
11	0. 0. 7

Prix ou Valeur de la chose à Liv. / _Prix ou Valeur de la chose à sols_ / _Prix ou Valeur de la chose à deniers_

n	Liv.	n	Liv.	n	sols/deniers
1	0.15. 0	31	23. 5. 0	1.	0. 0, 9
2	1.10. 0	32	24. 0. 0	2.	0. 1. 6
3	2. 5. 0	33	24.15 0	3.	0. 2. 3
4	3. 0. 0	34	25.10. 0	4.	0. 3. 0
5	3.15. 0	35	26. 5. 0	5.	0. 3. 9
6	4.10. 0	36	27. 0. 0	6.	0. 4 6
7	5. 5. 0	37	27.15. 0	7.	0. 5. 3
8	6. 0. 0	38	28.10 0	8	0. 6. 0
9	6.15. 0	39	29. 5. 0	9	0. 6 9
10	7.10. 0	40	30. 0. 0	10.	0. 7. 6
11	8. 5. 0	41	30.15. 0	11.	0. 8. 3
12	9. 0. 0	42	31.10. 0	12.	0. 9. 0
13	9.15. 0	43	32. 5 0	13.	0. 9. 9
14	10.10. 0	44	33. 0. 0	14.	0.10. 6
15	11. 5. 0	45	33.15. 0	15.	0.11. 3
16	12. 0. 0	46	34.10. 0	16.	0.12. 0
17	12 15. 0	47	35. 5. 0	1 .	0.12. 9
18	13.10. 0	48	36. 0. 0	18.	0.13. 6
19	14. 5. 0	49	36.15. 0	19.	0.14. 3
20	15 0. 0	50	37.10. 0	1.	0. 0. 1
21	15.15. 0	60	45. 0. 0	2.	0. 0. 1
22	16.10. 0	70	52.10. 0	3.	0. 0. 2
23	17. 5. 0	80	60. 0. 0	4.	0. 0. 2
24	18. 0. 0	90	67.10. 0	5.	0. 0. 3
25	18.15. 0	100	75. 0. 0	6	0. 0. 4
26	19.10 0	200	150. 0. 0	7.	0. 0 5
27	20. 5. 0	300	225. 0. 0	8.	0. 0 5
28	21. 0. 0	400	300. 0. 0	9.	0. 0. 6
29	21.15. 0	500	375. 0. 0	10	0. 0. 8
30	22.10. 0	600	450. 0. 0	11.	0 0 8

Prix ou Valeur de la chose à deniers

Prix ou Valeur de la chose à Livr.		Prix ou Valeur de la chose à sols	
1	0.16. 3	31	25. 3. 9
2	1.12. 4	32	26. 0. 0
3	2. 8. 9	33	26.16. 3
4	3. 5. 0	34	27.12. 6
5	4. 1. 3	35	28. 8. 9
6	4.17. 6	36	29. 5. 0
7	5.13. 9	37	30. 1. 3
8	6.10. 0	38	30.17. 6
9	7. 6. 3	39	31.13. 9
10	8. 2. 6	40	32.10. 0
11	8.18. 9	41	33. 6. 3
12	9.15. 0	42	34. 2. 6
13	10.11. 3	43	34.18. 9
14	11. 7. 6	44	35.15. 0
15	12. 3. 9	45	36.11. 3
16	13. 0. 0	46	37. 7. 6
17	13.16. 3	47	38. 3. 9
18	14.12. 6	48	39. 0. 0
19	15. 8. 9	49	39.16. 3
20	16. 5. 0	50	40.12. 6
21	17. 1. 3	60	48.15. 0
22	17.17. 6	70	56.17. 6
23	18.13. 9	80	65. 0. 0
24	19.10. 0	90	73. 2. 6
25	20. 6. 3	100	81. 5. 0
26	21. 2. 6	200	162.10. 0
27	21.18. 9	300	243.15. 0
28	22.15. 0	400	325. 0. 0
29	23.11. 3	500	406. 5. 0
30	24. 7. 6	600	487.10. 0

Prix ou Valeur de la chose à sols

1.	0. 0. 9
2.	0. 1. 7
3.	0. 2. 4
4.	0. 3. 2
5.	0. 4. 0
6.	0. 4. 9
7.	0. 5. 6
8.	0. 6. 4
9.	0. 7. 2
10.	0. 8. 1
11.	0. 8.10
12.	0. 9. 7
13.	0.10. 4
14.	0.11. 2
15.	0.12. 1
16.	0.12.10
17.	0.13. 7
18.	0.14. 5
19.	0.15. 5

Prix ou Valeur de la chose à den.

1.	0. 0. 1
2.	0. 0. 1
3.	0. 0. 2
4.	0. 0 2
5.	0. 0. 3
6.	0. 0. 4
7.	0. 0. 5
8.	0. 0. 6
9.	0. 0. 8
10.	0. 0. 8
11.	0. 0. 9

Prix en valeur de la chose à Liv.						valeur de la chose à sols		
1	0.17. 6	31	27. 2. 6	1.	0. 0.10
2	1.15. 0	32	28. 0. 0	2.	0. 1. 8
3	2.12. 6	33	28.17. 6	3.	0. 2. 7
4	3.10. 0	34	29.15. 0	4.	0. 3. 5
5	4. 7. 6	35	30.12. 6	5.	0. 4. 4
6	5. 5. 0	36	31.10. 0	6.	0. 5. 2
7	6. 2. 6	37	32. 7. 6	7.	0. 6. 0
8	7. 0. 0	38	33. 5. 0	8.	0. 6.10
9	7.17. 6	39	34. 2. 0	9.	0. 7. 9
10	8.15. 0	40	35. 0. 0	10.	0. 8. 0
11	9.12. 6	41	35.17. 0	11.	0. 9. 7
12	10.10. 0	42	36.15. 0	12.	0.10. 5
13	11. 7. 6	43	37.12. 6	13.	0.11. 3
14	12. 5. 0	44	38.10. 0	14.	0.12. 1
15	13. 2. 6	45	39. 7. 6	15.	0.13. 0
16	14. 0. 0	46	40. 5. 0	16.	0.13.10
17	14.17. 6	47	41. 2. 6	17.	0.14. 8
18	15.15. 0	48	42. 0. 0	18.	0.15. 7
19	16.12. 6	49	42.17. 6	19.	0.16. 7
20	17.10. 0	50	43.15. 0	prix de la chose à dem. 1.	0. 0. 1
21	18. 7. 6	60	52.10. 0	2.	0. 0. 1
22	19. 5. 0	70	61. 5. 0	3.	0. 0. 2
23	20. 2. 6	80	70. 0. 0	4.	0. 0. 3
24	21. 0. 0	90	78.15. 0	5.	0. 0. 4
25	21.17. 6	100	87.10. 0	6.	0. 0. 5
26	22.15. 0	200	175. 0. 0	7.	0. 0. 6
27	23.12. 6	300	262.10. 0	8.	0. 0. 7
28	24.10. 0	400	350. 0. 0	9.	0. 0. 8
29	25. 7. 6	500	437.10. 0	10.	0. 0. 9
30	26. 5. 0	600	525. 0. 0	11.	0. 0. 9

Prix ou Valeur de la chose à Liv.				Prix ou Valeur de schose à sol	
1	0.18. 9	31	29. 1. 3	1. 0.	0.11
2	1.17. 6	32	30. 0. 0	2. 0.	1.10
3	2.16. 3	33	30.18. 9	3. 0.	2. 9
4	3.15. 0	34	31.17. 6	4. 0.	3. 8
5	4.13. 9	35	32.16. 3	5. 0.	4. 8
6	5.12. 6	36	33.15. 0	6. 0.	5. 7
7	6.11. 3	37	34.13. 9	7. 0.	6. 6
8	7.10. 0	38	35.12. 6	8. 0.	7. 5
9	8. 8. 9	39	36.11. 3	9. 0.	8. 4
10	9. 7. 6	40	37.10. 0	10. 0.	9. 4
11	10. 6. 3	41	38. 8. 9	11. 0.	10. 3
12	11. 5. 0	42	39. 7. 6	12. 0.	11. 2
13	12. 3. 9	43	40. 6. 3	13. 0.	12. 1
14	13. 2. 6	44	41. 5. 0	14. 0.	13. 0
15	14. 1. 3	45	42. 3. 9	15. 0.	14. 0
16	15. 0. 0	46	43. 2. 6	16. 0.	14.11
17	15.18. 9	47	44. 1. 3	17. 0.	15.10
18	16.17. 6	48	45. 0. 0	18. 0.	16. 9
19	17.16. 3	49	45.18. 9	19. 0.	17. 8
20	18.15. 0	50	46.17. 6	1. 0.	0. 1
21	19.13. 9	60	56. 5. 0	2. 0.	0. 1
22	20.12. 6	70	65.12. 6	3. 0.	0. 2
23	21.11. 3	80	75. 0. 0	4. 0.	0. 3
24	22.10. 0	90	84. 7. 6	5. 0.	0. 4
25	23. 8. 9	100	93.15. 0	6. 0.	0. 5
26	24. 7. 6	200	187.10. 0	7. 0.	0. 6
27	25. 6. 3	300	281. 5. 0	8. 0.	0. 7
28	26. 5. 0	400	375. 0. 0	9. 0.	0. 8
29	27. 3. 9	500	468. 5. 0	10. 0.	0. 9
30	28. 2. 6	600	562.10. 0	11. 0.	0.10

Prix ou Valeur de la chose à den.

SVITE
DES
FRACTIONS,

Pour les Aunages & autres
Mesures,

COMME

De la Livre du poids de 16. onces.
Du poids de Marc de 8. onces.
De la Cane de 8. Pans.
Des Deniers & Gros des susdits poids de
16. onces & de 8. onces, chacun à part.

Par C. NAVLOT Marchand.

A LYON,

Aux dépens de l'Auteur, & se vend chez
luy à la place des Terreaux, à l'enseigne
du Sauvage.

/M. DC. LXXXI.
AVEC PRIVILEGE DV ROY.

Prix ou Valeur de la chose à Liv						prix ou Valeur de la chose à fols / den.
1	0. 0. 1		31	0. 3. 5		1.
2	0. 0. 2		32	0. 3. 6		2.
3	0. 0. 4		33	0. 3. 8		3.
4	0. 0. 5		34	0. 3. 9		4.
5	0. 0. 6		35	0. 3.10		5.
6	0. 0. 8		36	0. 4. 0		6.
7	0. 0. 9		37	0. 4. 1		7.
8	0. 0.10		38	0. 4. 2		8.
9	0. 1. 0		39	0. 4. 4		9.
10	0. 1. 1		40	0. 4. 5		10.
11	0. 1. 2		41	0. 4. 6		11.
12	0. 1. 4		42	0. 4. 8		12.
13	0. 1. 5		43	0. 4. 9		13.
14	0. 1. 6		44	0. 4.10		14.
15	0. 1. 8		45	0. 5. 0		15.
16	0. 1. 9		46	0. 5. 1		16.
17	0. 1.10		47	0. 5. 2		17.
18	0. 2. 0		48	0. 5. 4		18.
19	0. 2. 1		49	0. 5. 5		19.
20	0. 2. 2		50	0. 5. 6		1.
21	0. 2. 4		51	0. 5. 7		2.
22	0. 2. 5		52	0. 5. 8		3.
23	0. 2. 6		53	0. 5.10		4.
24	0. 2. 8		54	0. 6. 0		5.
25	0. 2. 9		55	0. 6. 1		6.
26	0. 2.10		60	0. 6. 8		7.
27	0. 3. 0		70	0. 7. 9		8.
28	0. 3. 1		80	0. 8.10		9.
29	0. 3. 2		90	0.10. 0		10.
30	0. 3. 4		100	0.11. 1		11.

REGLE DE LA REDUCTION

du poids de Ville de Lyon, au poids de la Soye, là où 108. livres de Ville sont reduites à 100 livres poids de 15. onces.

Supposez avoir achepté ou vendu une Balle de Soye pesant 224 liv. tare 2. liv. pour la toile ou chemise qui l'enveloppe, reste net 222. liv. poids de Ville, que pour les reduire au poids de Marc de 15. onces; il faut en premier lieu tirer une ligne au dessous, & prendre un tier desd. 222. liv. qui est 74 liv. lequel il faut doubler, & retourner prendre un tier du dernier double qui est 24. liv. 10. onces, lequel il faut doubler, & finalement il faut encore prendre un tier du dernier double qui est 8. liv. 3. onc. 8. d. lesquelles parties estant ajoûtées ensemble, donne 205. liv. 8. onc. 8. den. poids de Marc de 15. onces, sur quoy se rabat 1. liv. les onces derniers & grains qui se trouvent davantage, exemple,

	222. liv. poids de Ville,
2. tier	74. liv.
	74. liv.
2. tier	24. liv. 10. onces.
	24. liv. 10. onces.
1. tier	8. liv. 3. onc. 8. deniers.
	205. liv. 8. onc. 8. deniers
	1. liv. 8. onc. 8. den. rabatu,
reste	204. liv. à payement,

La Regle cy-contre se fait aussi par la
Regle de 3.par laquelle on diroit,si 108.liv.
poids de Ville, font 100.l.poids de la soye,
combien feront 222. liv. poids de Ville ,
viendra 205. liv.8. onc.8. den.

Pour plus grande facilité de la Regle
cy-contre , j'ay dressé un *Tarif* par colomnes de la Reduction toute faite du poids de
Ville de Lyon!, à celuy du poids de Marc
de 15.onces pour la soye, & pour l'*Instru-
ction,* desd. colomnes , elles commencent
par 1.liv.finissant à 200.& au bout de chaque ligne, au dedans desd.colomnes,c'est le
nombre des livres,onces, deniers & grains
du poids de Marc de 15. onces pour ladite
soye reduites , il y a aussi une colomne des
onces du poids de Ville,pour la Reduction
des onces,den. & grains au poids de Marc
de 15.onc. comme aussi une autre colomne
pour les den. poids de Ville, reduits à den.
& grains du poids de 15. onces.

Et pour se servir dud. *Tarif* , pour la reduction desd.222.liv.cy-contre, vous la ferez en trois tems,par un regard & par une
Addition, & vous trouverez au dedans des
colomnes que

200.l.font reduites à 185.l.2.on.18.d.16.gr.
20.l.font reduites à 18.l.7.on.18.d.16.gr.
2.l.font reduites à 1.l.12.o.18.d.16.gr.

———————   ——————————

222. l. font reduites à205.l.8. on 8. d.

é é

Q

La Reduction du poids de Ville de Lyon , au
poids de 15.onc. pour la soye en abregé.

Livres de Ville sont reduites a	L.	on.	d.	g.
1.livre est reduite	a 0	13	21	8
2. livres sont reduites	a 1	12	18	16
3. livres sont reduites	a 2	11	16	0
4. livres sont reduites	a 3	10	13	8
5. livres sont reduites	a 4	9	10	16
6. livres sont reduites	a 5	8	8	0
7. livres sont reduites	a 6	7	5	8
8. livres sont reduites	a 7	6	2	16
9. livres sont reduites	a 8	5	0	0
10. livres sont reduites	a 9	3	21	8
11. livres sont reduites	a 10	2	18	16
12. livres sont reduites	a 11	1	16	0
13. livres sont reduites	a 12	0	13	8
14. livres sont reduites	a 12	14	10	16
15. livres sont reduites	a 13	13	8	0
16. livres sont reduites	a 14	12	5	8
17. livres sont reduites	a 15	11	2	16
18. livres sont reduites	a 16	10	0	0
19. livres sont reduites	a 17	8	21	8
20. livres sont reduites	a 18	7	18	16
30. livres sont reduites	a 27	11	16	0
40. livres sont reduites	a 37	0	13	8
50. livres sont reduites	a 46	4	10	16
60. livres sont reduites	a 55	8	8	0
70. livres sont reduites	a 64	12	5	8
80. livres sont reduites	a 74	1	2	16
90. livres sont reduites	a 83	5	0	0
100. livres sont reduites	a 92	8	21	8
200. livres sont reduites	a 185	2	18	16

La Reduction des onces au poids de Ville de Lyon, en onces, deniers & grains, au poids de Marc de 15. onces pour la Soye.

	on.	de.	g.
1. once de ville eſt reduite a	0	20	20
2. onces ſont reduites a	1	17	16
3. onces ſont reduites a	2	14	12
4. onces ſont reduites a	3	11	8
5. onces ſont reduites a	4	8	4
6. onces ſont reduites a	5	5	0
7. onces ſont reduites a	6	1	20
8. onces ſont reduites a	6	22	16
9. onces ſont reduites a	7	19	12
10. onces ſont reduites a	8	16	8
11. onces ſont reduites a	9	13	4
12. onces ſont reduites a	10	10	0
13. onces ſont reduites a	11	6	20
14. onces ſont reduites a	12	3	16
15. onces ſont reduites a	13	0	12

La Reduction des deniers poids de Ville de Lyon, en deniers & grains poids de Soye.

	de.	de.	gr.
1. denier eſt reduit a	0	20	20
2. deniers ſont reduits a	1	17	16
3. deniers ſont reduits a	2	14	12
6. deniers ſont reduits a	5	5	0
9. deniers ſont reduits a	7	19	12
12. deniers ſont reduits a	10	10	0
15. deniers ſont reduits a	13	0	12
18. deniers ſont reduits a	15	15	0
21. deniers ſont reduits a	18	5	12

Inſtruction de la Soye que l'on donne à teindre.

Pour ſçavoir combien 140. livres 4. onces Soye cruë donnée à teindre, doivent rendre de livres & d'onces, à raiſon d'un quart pour livre de dechet, c'eſt à dire que de 15. onces ne s'en trouve que 11. & $\frac{1}{4}$ Voyez au feüillet cy-contre, vous y trouverez que

100. livr. ſont reduites à	75. liv.
40. livr. ſont reduites à	30. liv.
0. liv. 4. onc. reduites à	0. liv. 3. onc

_____

140. liv. 4. onc. reduites à 105. liv. 3. onc.

Notez que ſi toutes les Soyes que l'on donne à teindre le déchet eſtoit reglé, ſui-vant les couleurs, j'aurois dreſſé des Tarifs pour la Reduction ou déchet de chaque ſorte de couleurs, c'eſt pourquoy je me ſuis contenté de ne faire que la Reduction du quart pour liv. pour le déchet à la teintu-re, il reſte maintenant à faire le compte de ladite Soye venant de la teinture à combien elle revient la livre ſuivant le prix de l'a-chept, & pour le ſçavoir, ſuppoſez que la livre de ſoye vous ait coûté 11. livres 15. ſols la livre, & pour en faire le compte au juſte, voyez à la page où il eſt dit, quand la Livre ſoye cruë rend 11. onces 1. quart, vous y trouverez au bout de la ligne du prix de la ſoye cruë, que

à 11.livr.la livre,elle revient 14.liv.1 3.ſ. 4
à 15.ſols la livre,elle revient 1.liv. 0.ſ. 0

à 11.l.15.ſ.la liv.elle revient 15.liv.13.ſ. 4
Et pour la teinture à 7. ſ. la livre,   7.ſ.

La li.revient avec la teinture 16.liv. 0.ſ.4

Et pour ſçavoir combien revient l'once, voyez
au méme feüillet vous y trouverez au bout
de la ligne.

A 11. liv.la livre,l'once revient a 19.ſ.6.d.
à 15. liv. la livre,l'once revient a   1.ſ.4.d.
Il faut ajoûter pour la teinture
à raiſon de ſept ſols la livre.   ſ.6.d.

A 11.l.15.ſ.la livre, l'on.revient a 21.ſ.4.d.
Ou autrement voyez à la page 1.once du
poids de 15. onces , vous y trouverez que
à 16.liv.la livre,l'once revient à 21. ſ. 4.d.
   Pour toutes ſortes de teinture & de couleurs vous pouvez faire le compte comme
cy-deſſus,& vous y ajoûterez les frais de la
teinture ſuivant la couleur.
   Notez que le prix de la ſoye cruë commen-
ce par la petite colomne à main gauche par 4.l.
& va juſques à 22. liv. pour les livres ſeuls,
continuant ladite colomne par 1.ſ.3. d. & va
juſques a 17.ſ.6.d , & c'eſt pour les ſols , &
deniers lors qu'au prix de la ſoye, il y a li-
                    ē ē   5

vres, ſols, & deniers, & au bout de chaque
ligne tant des livres ſols, & deniers, c'eſt ce
que monte la livre, & l'once, de la ſoye teinte
au dedans des colomnes.

AVTRE EXEMPLE, A LIVRES, SOLS,
& deniers.

Pour ſçavoir à combien revient la livre de
la ſoye cruë renduë 11. onces teinte en couleur ſuivant le prix de l'achapt à raiſon
de 20. l. 16. ſ. 3. d. la livre cruë, voyez
au feüillet où la ſoye rend 11. onces, vous y
trouverez que

a 20. l. la liv. revient a 27. l. 5. ſ. 5. d. & l'on a 36. ſ. 5. d
a 15. l. la liv. revient a 1. l.——5. d. & l'on a 1. ſ. 4. d
a 1. ſ. 3. d. la li. revient a l. 1. ſ. 8. & l'onc. a 0. 1. d
  Pour la teinture a 4 l. la liv. & l'once a 5. ſ. 4. d

---

a 20. l. 16. ſ. 3. d. tein. a 32. l. 7. ſ. 6. d. & l'on a 43. ſ. 2. d

  Ceux qui negocient, en Filoſelle, ou
Fleuret, pourront auſſi ſe ſervir deſdits Comptes, & Tables, pour le déchet qu'il ſe fait à
la teinture, comme ſi s'eſtoit de la ſoye, & ſi les
prix éſtoit moindre que de 4. livre la livre,
vous prendrés la moitié, le tier, ou le quart du
prix approchant.

La livre Soye cruë étant teinte de couleur, le déchet à un quart pour Livre.

Livre de la Soy; donnés à teindre		
1	livre ne rend que	0. l. 11. on. 6. d
2	livres ne rendent que	1. l. 7. on. 12. d
3	livres ne rendent que	2. l. 3. on. 18. d
4	livres ne rendent que	3. l. 0. on. 0. d
5	livres ne rendent que	3. l. 11. on. 6. d
6	livres ne rendent que	4. l. 7. on. 12. d
7	livres ne rendent que	5. l. 3. on. 18. d
8	livres ne rendent que	6 l. 0. on. 0. d
9	livres ne rendent que	6. l. 11. on. 6. d
10	livres ne rendent que	7. l. 7. on. 12. d
20	livres ne rendent que	15. l. 0. on. 0. d
30	livres ne rendent que	22. l. 7. on. 12. d
40	livres ne rendent que	30. l. 0. on. 0. d
50	livres ne rendent que	37. l. 7. on. 12. d
60	livres ne rendent que	45. l. 0. on. 0. d
70	livres ne rendent que	52. l. 7. on. 12. d
80	livres ne rendent que	60. l. 0. on. 0. d
90	livres ne rendent que	67. l. 7. on. 12. d
100	livres ne rendent que	75. l. 0. on. 0. d

1.	once ne rend que	0. on. 18. d
2.	onces ne rendent que	1. on. 12. d
3.	onces ne rendent que	2. on. 6. d
4.	onces ne rendent que	3. on. 0. d
5.	onces ne rendent que	3. on. 18. d
6.	onces ne rendent que	4. on. 12. d
7.	onces ne rendent que	5. on. 6. d
8.	onces ne rendent que	6. on. 0. d
9.	onces ne rendent que	6. on. 18. d

*Quand la Livre de Soye crüe rend 13. onces
teinte en noir ; ſçavoir à combien elle revient la livre , & l'once , ſans les frais de
la teinture ſuivant le prix de l'achapt.*

a 4.l. & teinte 4.l.12.ſ.3.d & l'on. a 6.ſ.2.d
a 5.l. & teinte 5.l.15.ſ.4.d l'on. a 7.ſ.8.d
   6.l. & teinte 6.l.18.ſ.5.d l'on. a 9.ſ.2.d
   7.l. & teinte 8.l. 1.ſ.6.d l'on. a 10.ſ.9.d
   8.l. & teinte 9.l. 4.ſ.7.d l'on. a 12.ſ.3.d
   9.l. & tein. 10.l. 7.ſ.8.d l'on. a 13.ſ.10.
a 10.l. & tein. 11.l.10.ſ.9.d l'on. a 15.ſ.4.d
a 11.l. & tein. 12.l.13.ſ.10.d l'on. a 16.ſ.11.
a 12.l. & tein. 13.l.16.ſ.11.d l'on. a 18.ſ.5.d
a 13.l. & tein. 15.l. 0.ſ. — l'on. a 20.ſ.—
a 14.l. & tein. 16.l. 3.ſ.— l'on. a 21.ſ.6.d
a 15.l. & tein. 17.l. 6.ſ.1.d l'on. a 23.ſ.1.d
a 16.l. & tein. 18.l. 9.ſ.2.d l'on. a 24.ſ.7.d
a 17.l. & tein. 19.l.12.ſ.3.d l'on. a 26.ſ.1.d
a 18.l. & tein. 20.l.15 ſ.4.d l'on. a 27.ſ.8.d
a 19.l. & tein. 21.l.18.ſ.5.d l'on. a 29.ſ.2.d
a 20.l. & tein. 23.l. 1.ſ.6.d l'on. a 30.ſ.9.d
a 21.l. & tein. 24.l. 4.ſ.7.d l'on. a 32.ſ.3.d
a 22.l. & tein. 25.l. 7.ſ.8.d l'on. a 33.ſ.10.

a 1.ſ.3.d.& tein. l.- 1.ſ.6.d. l'on. a 0.ſ.1.d
a 2.ſ.6.d.& tein. l.— 3.ſ.— l'on. a 0.ſ.2.d
a 5.ſ.— & tein. l.— 6.ſ.— l'on. a 0.ſ.5.d
a 7.ſ.6.d. & tein. l.— 9.ſ.— l'on. a 0.ſ.7.d
a 10.ſ.— & tein. l.--12.ſ.— l'on a 0.ſ.9.d
a 12.ſ.6.d.& tein. l.--15.ſ.— l'on. a 1.ſ.0.d
a 15.ſ.— & tein. l.--18.ſ.— l'on. a 1.ſ.2.d
a 17.ſ.6.d.& tein. l.1. 2.ſ.— l'on. a 1.ſ.4.d

Quand la livre de Soye cruë rend 13.onces ¼ teinte en noir, sçavoir à combien elle revient la livre, & l'once, sans les frais de la teinture suivant le prix de l'achapt.

Prix de la Livre cruë

a 4.l. & teinte 4.l.10.f.8.d & l'on.a 6.f.—
5.l. & teinte 5.l.13.f.4.d l'on. a 7.f.6.d
6.l. & teinte 6.l.16.f.— l'on. a 9.f.—
7.l. & teinte 7.l.18.f.8.d l'on. a 10.f.6.d
8.l.& teinte 9.l. 1.f.4.d l'on. a 12 f.1.d
9.l. & teinte 10.l. 4.f.— l'on.a 13.f.7.d
a 10.l.& teinte 11.l. 6.f.8.d l'on. a 15.f.1·d
a 11.l. & teinte 12.l. 9.f..4.d l'on. a 16.f.7.d
a 12.l. & teinte 13.l.12.f.— l'on. a 18.f.1.d
a 13.l. & teinte 14.l.14.f8.d l'on. a 19.f.7.d
a 14.l. & teinte 15.l.17.f.4.d l'on. a 21.f.1.d
a 15.l. & teinte 17.l.—f. — l'on.a 22.f.7.d
a 16.l. & teinte 18 l. 2.f.8.d l'on. a 24.f.1.d
a 17.l.& teinte 19.l. 5.f.4.d l'on.a 25.f.8.d
a 18.l. & teinte 20.l. 8.f.— l'on.a 27.f.2.d
a 19.l.& teinte 21.l.10.f.8.d l'on.a 28.f.8.d
a 20.l. & teinte 22.l.13.f.4.d l'on. a 30.f.2.d
a 21.l. & teinte 23.l.16.f.— l'on. a 31.f.8.d
a 22.l. & teinte 24.l.18.f.8.d l'on. a 33.f.2.d

a 1.f.3.d.& tein. l. 0. 1.f.5.d l'on. a 0.f.1.d
a 2.f.6.d.& tein.l.0.2.f.10.d l'on. a 0.f.2.d
a 5.f.— & tein. l. 0.5.f.8.d l'on. a 0.l.5.d
a 7.f.6.d.& tein. l. 0.8.f.6.d l'on. a 0.f.7.d
a 10.f.—& tein. l. 0.11.f.4.d l'on. a 0.f.9.d
a 12.f.6.d.& tei. l. 0.14.f.2.d l'on. a—.f.11.d
a 15.f.— & tein. l. 0.17.f.— l'on. a 1.f.2.d
a 17.f.6.d.& tein. l. 0.19.f.10 l'on. a 1.f.4.d

Quand la Livre Soye cruë rend 11. onces ¼ teinte en couleurs, sçavoir a combien elle revient la livre, & l'once, sans les frais de la teinture, suivant le prix estant.

Prix de la Livre cruë

```
a  4.l. & teinte  5.l.  6.f.  8.d l'on.a  7.f.  1.d
   5.l. & tein.   6.l. 13.f.  4.d l'on.a  8.f.10.d
   6.l. & tein.   8.l.  0.f.—   l'on.a 10.f.8.d
   7.l. & tein.   9.l.  6.f.8.d l'on.a 12.f.5.d
   8.l. & teint. 10.l. 13.f.4.d l'on.a 14.f.2.d
   9.l. & tein.  12.l.  0.f.—   l'on.a 16.f.—
a 10.l. & tein.  13.l.  6.f.8.d l'on.a 17.f.9.d
a 11.l. & tein.  14.l. 13.f.4.d l'on.a 19.f.6.d
a 12.l. & tein.  16.l.  0.f.—   l'on.a 21.f.4.d
a 13.l. & teint. 17.l.  6.f.8.d l'on.a 23 f.1.d
a 14.l. & teint. 18.l. 13.f.4.d l'o.a 24.f.10.d
a 15.l. & teint. 20.l   0.f.—   l'on.a 26.f.8.d
a 16.l. & teint. 21.l.  6.f.8.d l'on.a 28.f.5.d
a 17.l. & teint. 22.l. 13.f.4.d l'on.a 30.f.2.d
a 18.l. & teint. 24.l.  0.f.—   l'on.a 32.f.—
a 19.l. & teint. 25.l.  6.f.8.d l'on.a 33.f.9.d
a 20.l. & teint. 26.l. 13.f.4.d l'on.a 35.f.6.d
a 21.l. & tein.  28.l.  0.f.—   l'on.a 37.f.4.d
a 22.l. & teint. 29.l.  6.f.8.d l'on.a 39.f.1.d
```

```
a  1.f.3.d.& teint. l.  1.f.8.d  l'on. a 0.f. 1.d
a  2.f.6.d.& teint. l.  3.f.4.d  l'on. a 0.f.2.d
a  5.f.—  & tein.  l.  6.f.8.d  l'on. a 0.f.5.d
a  7.f.6.d.& tein.  l. 10.f.—    l'on. a 0.f.8.d
a 10.f.—  & tein.  l. 13.f.4.d  l'on. a 0.f.10.d
a 12.f.6.d.& tein.  l. 16.f.8.d  l'on. a 1.f.1.d
a 15.l.—  & teinte.l.1.—.f.—    l'on. a 1.f.4.d
a 17.f.6.d.& teinte.l 1. 3.f.4.d l'on. a 1. f.6.d
```

Quand la Livre de Soye cruë, rend 11. onces teinte en couleur, sçavoir à combien revient la Livre, & l'once, sans les frais de la teinture, suivant le prix de l'achapt estant.

a	4.l. & teinte	5.l.	9.ſ.1.d	l'on. a	7.ſ.3.d
	5.l. & teinte	6.l.	16.ſ.4 d	l'on. a	9.ſ.1.d
	6.l. & teinte	8.l.	3.ſ.7.d	l'on.a	10.ſ.10.d
	7.l. & teinte	9.l.	10.ſ.10.d	l'on. a	12.ſ.8.d
	8.l. & teln.	10.l.	18.ſ.2.d	l'on.a	14.ſ.6.d
	9.l. & tein.	12.l.	5.ſ. 5.d	l'on.a	16.ſ.4.d
a	10.l. & tein.	13.l.	12.ſ. 8.d	l'on.a	18.ſ.2.d
a	11.l. & tein.	15.l.	— ſ —	l'on.a	20.ſ.—
a	12.l. & tein.	16.l.	7.ſ. 3.d	l'on.a	21.ſ.9.d
a	13.l. & tein.	17.l.	14.ſ.6.d	l'on.a	23.ſ.7.d
a	14.l. & tein.	19.l.	1.ſ.9.d	l'on.a	25.ſ.5.d
a	15.l. & tein.	20.l.	9.ſ.1.d	l'on.a	27.ſ.3.d
a	16.l. & tein.	21.l.	16.ſ.4.d	l'on.a	29.ſ.1.d
a	17.l. & tein.	23.l.	3.ſ. 7.d	l'on.a	30.ſ.10.d
a	18.l. & tein.	24.l.	10.ſ.10.d	l'on.a	32.ſ.8.d
a	19.l. & tein.	25.l.	18.ſ.2.d	l'on.a	34.ſ.6.d
a	20.l. & tein.	27.l.	5.ſ.5.d	l'on.a	36.ſ.5.d
a	11.l. & tein.	28.l.	12.ſ.8.d	l'on.a	38.ſ.2.d
a	22.l. & tein.	30.l.	—0.ſ.—	l'on.a	40.ſ.——

a	1.ſ.3.d.& tein.l.—	1.ſ.8.d	l'on. a	0.ſ.1.d
a	2.ſ.6.d.& tein. l.—	3.ſ.5.d	l'on. a	0.ſ.3.d
a	5.ſ.— & tein. l.—	6.ſ.10.d	l'on. a	0.ſ.5.d
a	7.ſ.6.d.& tein. l—	10.ſ.2. d	l'on. a	0.ſ.8.d
a	10.ſ.— & tein. l.—	13.ſ.7.d	l'on. a	0.ſ.11.d
a	12.ſ.6.d.& tein.l.—	17.ſ.—	l'on. a	1.ſ. 1.d
a	15.ſ.— & tein.l.1.—	ſ.5.d	l'on. a	1.ſ. 4.d
a	17.ſ.6.d.& ten. l.1. 3.	ſ.10.d	l'on. a	1.ſ.6.d

*Quand la Livre Soye cruë rend 10. onces ¼
teinte en couleur, sçavoir que revient la
Livre, & l'once sans les frais de la teinture.
suivant le prix de l'achapt.*

a	4.l. & tein.5.l. 11.f.6.d. & l'on.a 7.f.5.d
	5.l. & tein. 6.l. 19.f.4.d l'on. a 9.f.3.d
	6.l. & teint. 8.l. 7.f.2.d l'on. a 11.f.1.d
	7.l. & tein. 9.l.15.f.1.d l'on. a 13.f.—
	8.l. & tein. 11.l. 3.f.--- l'on. a 14.f.10.d
	9.l. & tein.12.l. 10.f.10 l'on. a 16.f. 8.d
a	10.l.& tein. 13.l. 18.f.8.d l'on. a 18.f. 7.d
a	11.l.& tein. 15.l. 6.f.6.d l'on. a 20.f. 5.d
a	12.l. & tein.16.l.14.f.4.d l'on. a 22.f. 3.d
a	13.l. & tein.18.l. 2.f.3.d l'on. a 24.f. 2.d
a	14.l. & tein. 19.l.10.f.2.d l'on.a 26.f. —
a	15.l. & tein.20.l.18.f.1.d l'on. a 27.f.10.d
a	16.l.& tein.22.l. 6.f.— l'on. a 29.f.9.d
a	17.l. & tei. 23.l.13.f.10 l'on. a 31.f.7.d
a	18.l. & tein. 25.l. 1.f.8.d l'on. a 33.f. 5.d
a	19.l. & tein. 26.l. 9.f.6.d l'on. a 35.f. 4.d
a	20.l.& tein. 27.l.17.f.4.d l'on. a 37.f. 2.d
a	21.l. & tein.29.l. 5.f.2.d l'on. a 39.f. —
a	22.l. & tein.30.l. 13.f.1. l'on. a 40.f.11.d

---

a	1.f.3.d.& tein. l. 1.f.9.d & l'6.a — 1.d
a	2.f.6.d.& tein. l. 3.f.6.d l'on. a 0.f. 3.d
a	5.f.— & tein.l. 7.f.— l'on. a 0.f. 6.d
a	7.f.6.d.& tein. l.10.f.6.d l'on. a 0.f. 8.d
a	10.f.—& tein. l.-14.f.-- l'on. a 0.f.11.d
a	12.f.6.d.& tein. l.17.f.6.d l'on. a 1.f. 2.d
a	15.f.—& tein. l.1. 1.f.—l'on. a 1.f. 5.d
a	17.f.6. & tein. l.1.14.f.6.d l'on. a 1.f. 7.d

Prix de la Livre cruë

TARIF.

POur la vente des foyes en détail , dé-
puis 1. once jufques à 24. à divers prix
marquez au deffus de chaques pages , ou
colomnes , au bas defquelles font les Frac-
tions ou rompus de l'once , le compte ce
trouve tout fait au bout de châques lignes,
fuivant le prix de l'once : *par exemple* , à
25. f. 6. d. l'once de foye combien valent
23. onces pour le fçavoir , tournez les feuil-
lets, cy - aprés, jufques à ce que vous ayez
trouvés la colomne qui marque à 25. f. 6. d. &
à la ligne ou eft 23. onces vous y trouverés
au bout la valeur qui eft 29. 16. f. 6.

Autre exemple à 29. f. 6. d. l'once combien
valent 22. onces 1. quart, pour le fçavoir
cherchez le feuillet , à 29, f. 6. d. l'once, &
à la ligne 22. onces , vous y trouverez , au
bout la valeur qui eft 32. l. 9. f. & plus bas
pour le quart d'once 7. f. 4. le tout eftant
ajouté monte. 32. l. 16. f. 4. d.

*Faites ainfi pour toutes fortes de prix, & quan-
tité d'onces, & au cas qu'il s'en trouve de plus
que les 24. onces vous ferez adiction du furplus
avec la valeur.*

R

A	s. ſ. l'once	A	s. ſ. 6. d.
2 valent	—l 10 ſ—	2	—l 11 ſ— d
3 valent	—l 15 ſ—	3	—l 16 ſ 6 d
4 valent	1 l — ſ—	4	1 l 2 ſ— d
5 valent	1 l 5 ſ—	5	1 l 7 ſ 6 d
6 valent	1 l 10 ſ—	6	1 l 13 ſ— d
7 valent	1 l 15 ſ—	7	1 l 18 ſ 6 d
8 valent	2 l — ſ—	8	2 l 4 ſ— d
9 valent	2 l 5 ſ—	9	2 l 9 ſ 6 d
10 valent	2 l 10 ſ—	10	2 l 15 ſ— d
11 valent	2 l 15 ſ—	11	3 l — ſ 6 d
12 valen·	3 l — ſ—	12	3 l 6 ſ— d
13 valent	3 l 5 ſ—	13	3 l 11 ſ 6 d
14 valent	3 l 10 ſ—	14	3 l 17 ſ— d
15 valént	3 l 15 ſ—	15	4 l 2 ſ 6 d
16 valent	4 l — ſ—	16	4 l 8 ſ— d
17 valent	4 l 5 ſ—	17	4 l 13 ſ 6 d
18 valent	4 l 10 ſ—	18	4 l 19 ſ— d
19 valent	4 l 15 ſ—	19	5 l 4 ſ 6 d
20 valent	5 l — ſ—	20	5 l 10 ſ— d
21 valent	5 l 5 ſ—	21	5 l 15 ſ 6 d
22 valent	5 l 10 ſ—	22	6 l 1 ſ— d
23 vakent	5 l 15 ſ—	23	6 l 6 ſ 6 d
24 valent	6 l — ſ—	24	6 l 12 ſ— d
3 quarts	l 3 ſ 9 d	3 quarts	l 4 ſ 1 d
la demi	2 ſ 6 d	la demi	l 2 ſ 9 d
le quart	l 1 3 d	le quart	l 1 ſ 4 d
3 deniers	l — ſ 7 d	3 deniers	l — ſ 8 d
1 & demi	l — ſ 3 d	1 & demi	l — ſ 4 d
1 denier	l — ſ 2 d	1 denier	l — ſ 2 d
demi denier	l l — ſ 1 d	demi deniers	l — ſ 1 d

A	6 ſols lance	A 6 ſols 6 d.
2 valent · l12 ſ — d	2	— l 13 ſ —
3 valent — l 18 ſ — d	3	— l 19 ſ 6 d
4 valent 1 l 4 ſ — d	4	1 l 6 ſ —
5 valent 1 l 10 ſ — d	5	1 l 12 ſ 6 d
6 valent 1 l 16 ſ — d	6	1 l 19 ſ —
7 valent 2 l 2 ſ — d	7	2 l 5 ſ 6 d
8 valent 2 l 8 ſ — d	8	2 l 12 ſ —
9 valent 2 l 14 ſ — d	9	2 l 18 ſ 6 d
10 valent 3 l — ſ — d	10	3 l 5 ſ —
11 valent 3 l 6 ſ — d	11	3 l 11 ſ 6 d
12 valent 3 l 12 ſ — d	12	3 l 18 ſ —
13 valent 3 l 18 ſ — d	13	4 l 4 ſ 6 d
14 valent 4 l 4 ſ — d	14	4 l 11 ſ —
15 valent 4 l 10 ſ — d	15	4 l 17 ſ 6 d
16 valent 4 l 16 ſ — d	16	5 l 4 ſ —
17 valent 5 l 2 ſ — d	17	5 l 10 ſ 6 d
18 valent 5 l 8 ſ — d	18	5 l 17 ſ —
19 valent 5 l 14 ſ — d	19	6 l 3 ſ 6 d
20 valent 6 l — ſ — d	20	6 l 10 ſ —
21 valent 6 l 6 ſ — d	21	6 l 16 ſ 6 d
22 valent 6 l 12 ſ — d	22	7 l 3 ſ —
23 valent 6 l 18 ſ — d	23	7 l 9 ſ 6 d
24 valent 7 l 4 ſ — d	24	7 l 16 ſ —
3 quart	l 4 ſ 6 d	3 quart l 4 ſ 10 d
la demi	l 3 ſ — d	la demi l 3 ſ 3 d
le quart	l 1 ſ 6 d	le quart l 1 ſ 7 d
3 deniers	l — ſ 9 d	3 denier l — ſ 9 d
1 & demi	l — ſ 4 d	1 & demi l — ſ 4 d
1 denier	l — ſ 3 d	1 denier l — ſ 3 d
demi denier	l — ſ 1 d	demi denier l — ſ 1 d

A 7.ſ. longe

2 valent	- 14 ſ	—d
3 valent	1 l 1 ſ	—d
4 valent	1 l 8 ſ	—d
5 valent	1 l 15 ſ	—d
6 valent	2 l 2 ſ	—d
7 valent	2 l 9 ſ	—d
8 valent	2 l 16 ſ	—d
9 valent	3 l 3 ſ	—d
10 valent	3 l 10 ſ	—d
11 valent	3 l 17 ſ	—d
12 valent	4 l 4 ſ	—d
13 valent	4 l 11 ſ	—d
14 valent	4 l 18 ſ	—d
15 valent	5 l 5 ſ	—d
16 valent	5 l 12 ſ	—d
17 valent	5 l 19 ſ	—d
18 valent	6 l 6 ſ	—d
19 valent	6 l 13 ſ	—d
20 valent	7 l — ſ	—d
21 valent	7 l 7 ſ	—d
22 valent	7 l 14 ſ	—d
23 valent	8 l 1 ſ	—d
24 valent	8 ſ 8 ſ	—d
3 quart.	1 ſ	3 d
la demi	1 ſ	6 d
le quart	1 ſ	9 d
3 denier	1 ſ	10 d
1 & demi	1— ſ	5 d
1 denier	1— ſ	3 d
demi denier	1— ſ	1 d

A 7.ſ. 6. d.

2	- 1 l 15 ſ	—
3	1 l 2 ſ	6 d
4	1 l 10 ſ	—
5	1 l 17 ſ	6 d
6	2 l 5 ſ	—
7	2 l 12 ſ	6 d
8	3 l — ſ	—
9	3 l 7 ſ	6 d
10	3 l 15 ſ	—
11	4 l 2 ſ	6 d
12	4 l 10 ſ	—
13	4 l 17 ſ	6 d
14	5 l 5 ſ	—
15	5 l 12 ſ	6 d
16	6 l — ſ	—
17	6 l 7 ſ	6 d
18	6 l 15 ſ	—
19	7 l 2 ſ	6 d
20	7 l 10 ſ	—
21	7 l 17 ſ	6 d
22	8 l 5 ſ	—
23	8 l 12 ſ	6 d
24	9 l — ſ	—
3 quart l	5 ſ	7 d
la demi l	3 ſ	9 d
le quart l	1 ſ	10d
3 denie l	— ſ	11 d
1 & de. l	— ſ	5 d
1 denier l	— ſ	3 d
dem.de. l	— ſ	1 d

	A 8. ſ. lonce		A 8. ſ. 6. d
2 valent	· 1 l 16 ſ	2	- 1 l 17 ſ — d
3 valent	1 l 4 ſ	3	1 l 5 ſ 6 d
4 valent	1 l 12 ſ	4	1 l 14 ſ — d
5 valent	2 l — ſ	5	2 l 2 ſ 6 d
6 valent	2 l 8 ſ	6	2 l 11 ſ — d
7 valent	2 l 16 ſ	7	2 l 19 ſ 6 d
8 valent	3 l 4 ſ	8	3 l 8 ſ — d
9 valent	3 l 12 ſ	9	3 l 16 ſ 6 d
10 valent	4 l — ſ	10	4 l 5 ſ — d
11 valent	4 l 8 ſ	11	4 l 13 ſ 6 d
12 valent	4 l 16 ſ	12	5 l 2 ſ — d
13 valent	5 l 4 ſ	13	5 l 10 ſ 6 d
14 valent	5 l 12 ſ	14	5 l 19 ſ — d
15 valent	6 l — ſ	15	6 l 7 ſ 6 d
16 valent	6 l 8 ſ	16	6 l 16 ſ — d
17 valent	6 l 16 ſ	17	7 l 4 ſ 6 d
18 valent	7 l 4 ſ	18	7 l 13 ſ — d
19 valent	7 l 12 ſ	19	8 l 11 6 d
20 valent	8 l — ſ	20	8 l 10 ſ — d
21 valent	8 l 8 ſ	21	8 l 18 ſ 6 d
22 valent	8 l 16 ſ	22	9 l 7 ſ — d
23 valent	9 l 4 ſ	23	9 l 15 ſ 6 d
24 valent	9 l 12 ſ	24	10 l 4 ſ — d
3 quarts	1 6 ſ — d	3 quart	1 6 ſ 4 d
la demi	1 4 ſ — d	la demi	1 4 ſ 3 d
le quart	1 2 ſ — d	le quart	1 2 ſ 1 d
3 denier	1 1 ſ — d	3 denier	1 1 ſ — d
1 & demi	1 — ſ 6 d	1 & demi	1 — ſ 6 d
1 denier	1 — ſ 4 d	1 denier	1 — ſ 4 d
demi denier	1 — ſ 2 d	demi denier	1 — ſ 2 d

9. livre		A 9. ſ. 6. d.	
2 valent — 1 18 ſ		2 • 1 19 ſ — d	
3 valent 1 1 7 ſ		3 1 1 8 ſ 6 d	
4 valent 1 1 16 ſ		4 1 1 18 ſ — d	
5 valent 2 1 5 ſ		5 2 1 7 ſ 6 d	
6 valent 2 1 14 ſ		6 2 1 17 ſ — d	
7 valent 3 1 3 ſ		7 3 1 6 ſ 6 d	
8 valent 3 1 12 ſ		8 3 1 16 ſ — d	
9 valent 4 1 1 ſ		9 4 1 5 ſ 6 d	
10 valent 4 1 10 ſ		10 4 1 15 ſ — d	
11 valent 4 1 19 ſ		11 5 1 4 ſ 6 d	
12 valent 5 1 8 ſ		12 5 1 14 ſ — d	
13 valent 5 1 17 ſ		13 6 1 3 ſ 6 d	
14 valent 6 1 6 ſ		14 6 1 13 ſ — d	
15 valent 6 1 15 ſ		15 7 1 2 ſ 6 d	
16 valent 7 1 4 ſ		16 7 1 12 ſ — d	
17 valent 7 1 13 ſ		17 8 1 1 ſ 6 d	
18 valent 8 1 2 ſ		18 8 1 11 ſ — d	
19 valent 8 1 11 ſ		19 9 1 — ſ 6 d	
20 valent 9 1 — ſ		20 9 1 10 ſ — d	
21 valent 9 1 9 ſ		21 9 1 19 ſ 6 d	
22 valent 9 1 18 ſ		22 10 1 9 ſ — d	
23 valent 10 1 7 ſ		23 10 1 18 ſ 6 d	
24 valent 10 1 16 ſ		24 11 1 8 ſ — d	
trois quarts 1 6 ſ 9 d		3 quarts 1 7 ſ 1 d	
la demi 1 4 ſ 6 d		la demi 1 4 ſ 9 d	
le quart 1 2 ſ 3 d		le quart 1 2 ſ 4 d	
trois denier 1 1 ſ 1 d		3 quart 1 1 ſ 2 d	
un & demi 1 — ſ 6 d		1 & dem 1 — ſ 7 d	
un denier 1 — ſ 4 d		1 denier 1 — ſ 4 d	
demi denier 1 — ſ 2 d		demiden 1 — ſ 2 d	

A 10 ſ. l'once		
2 valent	1 — ſ	
3 valent	1 10 ſ	
4 valent	2 — ſ	
5 valent	2 10 ſ	
6 valent	3 — ſ	
7 valent	3 10 ſ	
8 valent	4 — ſ	
9 valent	4 10 ſ	
10 valent	5 — ſ	
11 valent	5 10 ſ	
12 valent	6 — ſ	
13 valent	6 10 ſ	
14 valent	7 — ſ	
15 valent	7 10 ſ	
16 valent	8 — ſ	
17 valent	8 10 ſ	
18 valent	9 — ſ	
19 valent	9 10 ſ	
20 valent	10 — ſ	
21 valent	10 10 ſ	
22 valent	11 — ſ	
23 valent	11 10 ſ	
24 valent	12 — ſ	
trois quarts	1 7 ſ 6 d	
la demi	1 5 ſ — d	
le quart	1 2 ſ 6 d	
trois denier	1 1 ſ 3 d	
un & demi	1 — ſ 7 d	
un denier	1 — ſ 5 d	
demi d enier	1 — ſ 2 d	

A 10 ſ. 6 d.		
2	1 l 1 ſ — d	
3	1 l 1 ſ 6 d	
4	2 l 2 ſ — d	
5	2 l 2 ſ 6 d	
6	3 l 3 ſ — d	
7	3 l 3 6 d	
8	4 l 4 ſ — d	
9	4 l 4 ſ 6 d	
10	5 l 5 ſ — d	
11	5 l 5 ſ 6 d	
12	6 l 6 ſ — d	
13	6 l 6 ſ 6 d	
14	7 l 7 ſ — d	
15	7 l 7 ſ 6 d	
16	8 l 8 ſ — d	
17	8 l 8 ſ 6 d	
18	9 l 9 ſ — d	
19	9 l 19 ſ 6 d	
20	10 l 10 ſ — d	
21	11 l — ſ 6 d	
22	11 l 11 ſ — d	
23	12 l 1 ſ 6 d	
24	12 l 12 ſ — d	
3 quarts	1 7 ſ 10 d	
la demi	1 5 ſ 3 d	
le quarts	1 2 ſ 7 d	
3 denier	1 1 ſ 3 d	
1 & dem	1 — 7 d	
1 denier	1 — 5 d	
demi den	1 — 2 d	

A	11 ſ. l'once		A 11 ſ. 6. d.		
2 valent	1 l	2 ſ	2	1 l	3 ſ — d
3 valent	1 l	13 ſ	3	1 l	14 ſ 6 d
4 valent	2 l	4 ſ	4	2 l	6 ſ — d
5 valent	2 l	15 ſ	5	2 l	17 ſ 6 d
6 valent	3 l	6 ſ	6	3 l	9 ſ — d
7 valent	3 l	17 ſ	7	4 l	— ſ 6 d
8 valent	4 l	8 ſ	8	4 l	12 ſ — d
9 valent	4 l	19 ſ	9	5 l	3 ſ 6 d
10 valent	5 l	10 ſ	10	5 l	15 ſ — d
11 valent	6 l	1 ſ	11	6 l	6 ſ 6 d
12 valent	6 l	12 ſ	12	6 l	18 ſ — c
13 valent	7 l	3 ſ	13	7 l	9 ſ 6 d
14 valent	7 l	14 ſ	14	8 l	1 ſ — d
15 valent	8 l	5 ſ	15	8 l	12 ſ 6 d
16 valent	8 l	16 ſ	16	9 l	4 ſ — d
17 valent	9 l	7 ſ	17	9 l	15 ſ 6 d
18 valent	9 l	18 ſ	18	10 l	7 ſ — d
19 valent	10 l	9 ſ	19	10 l	18 ſ 6 d
20 valens	11 l	— ſ	20	11 l	10 ſ — d
21 valens	11 l	11 ſ	21	12 l	1 ſ 6 d
22 valent	12 l	2 ſ	22	12 l	13 ſ — d
23 valent	12 l	13 ſ	23	13 l	4 ſ 6 d
24 valent	13 l	4 ſ	24	13 l	16 ſ — d
3 deniers	1 8 ſ	3 d	3 quars	1 8 ſ	7 d
la demi	1 5 ſ	6 d	la demi	1 5 ſ	9 d
le quart	1 2 ſ	9 d	le quart	1 2 ſ	10 d
3 deniers	1 1 ſ	4 d	3 denier	1 1 ſ	5 d
un & demi	1 — ſ	8 d	1 & dem	1 — ſ	8 d
un denier	1 — ſ	5 d	1 denier	1 — ſ	5 d
demi deniers	1 — ſ	2 d	demi de.	1 — ſ	2 d

A 12. ſ. lonce					A 12. ſ. 6. d.				
2 valent	1 l	4 ſ	—		2	1 l	5 ſ	—	
3 valent	1 l	16 ſ	—		3	1 l	17 ſ	6 d	
4 valent	2 l	8 ſ	—		4	2 l	10 ſ	—	
5 valent	3 l	— ſ	—		5	3 l	2 ſ	6 d	
6 valent	3 l	12 ſ	—		6	3 l	15 ſ	—	
7 valent	4 l	4 ſ	—		7	4 l	7 ſ	6 d	
8 valent	4 l	16 ſ	—		8	5 l	—	—	
9 valent	5 l	8 ſ	—		9	5 l	12 ſ	6 d	
10 valent	6 l	— ſ	—		10	6 l	5 ſ	—	
11 valent	6 l	12 ſ	—		11	6 l	17 ſ	6 d	
12 valent	7 l	4 ſ	—		12	7 l	10 ſ	—	
13 valent	7 l	16 ſ	—		13	8 l	2 ſ	6 d	
14 valent	8 l	8 ſ	—		14	8 l	15 ſ	—	
15 valent	9 l	— ſ	—		15	9 l	7 ſ	6 d	
16 valent	9 l	12 ſ	—		16	10 l	—	—	
17 valent	10 l	4 ſ	—		17	10 l	12 ſ	6 d	
18 valent	10 l	16 ſ	—		18	11 l	5 ſ	—	
19 valent	11 l	8 ſ	—		19	11 l	17 ſ	6 d	
20 valent	12 l	— ſ	—		20	12 l	10 ſ	—	
21 valent	12 l	12 ſ	—		21	13 l	2 ſ	6 d	
22 valent	13 l	4 ſ	—		22	13 l	15 ſ	—	
23 valent	13 l	16 ſ	—		23	14 l	7 ſ	6 d	
24 valent	14 l	8 ſ	—		24	15 l	—	—	
3 quarts		1 9 ſ	—		3 quarts	l 9	ſ	4	
la demi		1 6 ſ	—		la demi	l 6	ſ	3	
le qurrts		1 3 ſ	—		le quart	l 3	ſ	1	
3 deniers		1 1 ſ	6 d		3 deniers	l 1	ſ	6	
1 & demi		1 — ſ	9 d		1 & demi	l —	ſ	9	
1 denier		1 — ſ	6 d		1 denier	l —	ſ	6	
demi denier		1 — ſ	3 d		demi de.	l —	ſ	3	

	l	ſ	d		l	ſ	d
2 valent	1	6		2	1	7	—
3 valent	1	19		3	2	—	6 d
4 valent	2	12		4	2	14	—
5 valent	3	5		5	3	7	6 d
6 valent	3	18		6	4	1	
7 valent	4	11		7	4	14	6 d
8 valent	5	4		8	5	8	—
9 valent	5	17		9	6	1	6 d
10 valent	6	10		10	6	15	—
11 valent	7	3		11	7	8	6 d
12 valent	7	16		12	8	2	— d
13 valent	8	9		13	8	15	6 d
14 valent	9	2		14	9	9	— d
15 valent	9	15		15	10	2	6 d
16 valent	10	8		16	10	16	— d
17 valent	11	1		17	11	9	6 d
18 valent	11	14		18	12	3	— d
19 valent	12	7		19	12	16	6 d
20 valent	13	—		20	13	10	— d
21 valent	13	13		21	14	3	6 d
22 valent	14	6		22	14	17	— d
23 valent	14	19		23	15	10	6 d
24 valent	15	12		24	16	4	— d
trois quarts		9	9 d	3 quarts		10	1 d
la demi		6	6 d	la demi		6	9 d
le quart		3	3 d	le quart		3	4 d
3 denier		1	7 d	3 denier		1	8 d
un & demi		—	9 d	1 & demi		—	10 d
un denier		—	6 d	1 denier		—	6 d
demi denier	—		3 d	demi den.		—	3 d

A	14.ſ.l'once		
2 valent 1	l	8	ſ
3 valent 2	l	2	ſ
4 valent 2	l	16	ſ
5 valent 3	l	10	ſ
6 valent 4	l	4	ſ
7 valent 4	l	18	ſ
8 valent 5	l	12	ſ
9 valent 6	l	6	ſ
10 valent 7	l	—	ſ
11 valent 7	l	14	ſ
12 valent 8	l	8	ſ
13 valent 9	l	2	ſ
14 valent 9	l	16	ſ
15 valent 10	l	10	ſ
16 valent 11	l	4	ſ
17 valent 11	l	18	ſ
18 valent 12	l	12	ſ
19 valent 13	l	6	ſ
20 valent 14	l	—	ſ
21 valent 14	l	14	ſ
22 valent 15	l	8	ſ
23 valent 16	l	2	ſ
24 valent 16	l	16	ſ
trois quarts	1	10 ſ	6 d
la demi	1	7 ſ	— d
le quart	1	3 ſ	6 d
trois deniers	1	1 ſ	9 d
un & demi	1	— ſ	10 d
un denier	1	— ſ	7 d
demi deniers	1	— ſ	3 d

A	14. ſ. 6.d		
2	1	19 ſ	— d
3	2	3 ſ	6 d
4	2	18 ſ	— d
5	3	12 ſ	6 d
6	4	17 ſ	— d
7	5	11 ſ	6 d
8	5	16 ſ	— d
9	6	10 ſ	6 d
10	7	15 ſ	— d
11	7	19 ſ	6 d
12	8	14 ſ	— d
13	9	8 ſ	6 d
14	10	3 ſ	— d
15	10	17 ſ	6 d
16	11	12 ſ	— d
17	12	6 ſ	6 d
18	13	1 ſ	— d
19	13	15 ſ	6 d
20	14	10 ſ	— d
21	15	4 ſ	6 d
22	15	19 ſ	— d
23	16	13 ſ	6 d
24	17	8 ſ	— d
3 quarts	1	10 ſ	10 d
la demi		7 ſ	3 d
le quarts	3	ſ	7 d
3 trois de	1	ſ	9 d
1 & dem	1	— ſ	10 d
1 denier	1	— ſ	7 d
demi de.	1	— ſ	3 d

A 15 ſ. lonen					A 15 ſ. 6 d.				
2 val.	1 l	10 ſ	— d		2	1 l	11 ſ	— d
3 val.	2 l	5 ſ	— d		3	2 l	6 ſ	6 d
4 val.	3 l	— ſ	— d		4	3 l	2 ſ	— d
5 val.	3 l	15 ſ	— d		5	3 l	17 ſ	6 d
6 val.	4 l	10 ſ	— d		6	4 l	13 ſ	— d
7 val.	5 l	5 ſ	— d		7	5 l	8 ſ	6 d
8 val.	6 l	— ſ	— d		8	6 l	— ſ	— d
9 val.	6 l	15 ſ	— d		9	6 l	19 ſ	6 d
10 val.	7 l	10 ſ	— d		10	7 l	15 ſ	— d
11 val.	8 l	5 ſ	— d		11	8 l	10 ſ	6 d
12 val.	9 l	— ſ	— d		12	9 l	6 ſ	— d
13 val.	9 l	15 ſ	— d		13	10 l	1 ſ	6 d
14 val.	10 l	10 ſ	— d		14	10 l	17 ſ	— d
15 val.	11 l	5 ſ	— d		15	11 l	12 ſ	6 d
16 val.	12 l	— ſ	— d		16	12 l	8 ſ	— d
17 val.	12 l	15 ſ	— d		17	13 l	3 ſ	6 d
18 val.	13 l	10 ſ	— d		18	13 l	19 ſ	— d
19 val.	14 l	5 ſ	— d		19	14 l	14 ſ	6 d
20 val.	15 l	— ſ	— d		20	15 l	10 ſ	— d
21 val.	15 l	15 ſ	— d		21	16 l	5 ſ	6 d
22 val.	16 l	10 ſ	— d		22	17 l	1 ſ	— d
23 val.	17 l	5 ſ	— d		23	17 l	16 ſ	6 d
24 val.	18 l	— ſ	— d		24	18 l	12 ſ	— d
3 quarts	1	1 ſ	3 d		3 quarts		11 ſ	7 d
la demi	1	7 ſ	6 d		la demi	1	7 ſ	9 d
le quart	1	3 ſ	9 d		le quart		3 ſ	10 d
1 denier	1	1 ſ	10 d		3 deniers	1	1 ſ	11 d
1 & demi	1	— ſ	11 d		1 & dem		— ſ	11 d
1 denier	1	— ſ	7 d		1 denier	1	— ſ	7 d
demi denie	1	— ſ	3 d		demi den		— ſ	3 d

	A 16. ſ. l'once			A 16. ſ. 6.d.
2 valent	1 | 12 ſ —	2	1 | 13 ſ — d
3 valent	2 | 8 ſ —	3	2 | 9 ſ 6 d
4 valent	3 | 4 ſ —	4	3 | 6 ſ — d
5 valent	4 | — ſ —	5	4 | 2 ſ 6 d
6 valent	4 | 16 ſ —	6	4 | 19 ſ — d
7 valent	5 | 12 ſ —	7	5 | 15 ſ 6 d
8 valent	6 | 8 ſ —	8	6 | 12 ſ — d
9 valent	7 | 4 ſ —	9	7 | 8 ſ 6 d
10 valent	8 | — ſ —	10	8 | 5 ſ — d
11 valent	8 | 16 ſ —	11	9 | 1 ſ 6 d
12 valen-	9 | 12 ſ —	12	9 | 18 ſ — d
13 valent	10 | 8 ſ —	13	10 | 14 ſ 6 d
14 valent	11 | 4 ſ —	14	11 | 11 ſ — d
15 valent	12 | — ſ —	15	12 | 7 ſ 6 d
16 valent	12 | 16 ſ —	16	13 | 4 ſ — d
17 valent	13 | 12 ſ —	17	14 | — ſ 6 d
18 valent	14 | 8 ſ —	18	14 | 17 ſ — d
19 valent	15 | 4 ſ —	19	15 | 13 ſ 6 d
20 valent	16 | — ſ —	20	16 | 10 ſ — d
21 valent	16 | 16 ſ —	21	17 | 6 ſ 6 d
22 valent	17 | 12 ſ —	22	18 | 3 ſ — d
23 valent	18 | 8 ſ —	23	18 | 19 ſ 6 d
24 valent	19 | 4 ſ —	24	19 | 16 ſ — d
3 quarts	1 | 12 — ſ	3 quarts	1 | 12 ſ 4 d
la demi	1 | 8 ſ —	la demi	1 | 8 ſ 3 d
le quart	1 | 4 ſ	le quart	1 | 4 ſ 1 d
3 deniers	1 | 2 ſ	3 deniers	1 | 2 ſ — d
1 & demi	1 | 1 ſ	1 & demi	1 | 1 ſ — d
1 denier	1 | — ſ 8	1 denier	1 | — ſ 8 d
demi denir	1 | — ſ 4	demi deniers	1 | — ſ 4 d

S

2 valent 1	l 14 ſ		2	1 l 15 ſ — d
3 valent 2	l 11 ſ		3	2 l 12 ſ 6 d
4 valent 3	l 8 ſ		4	3 l 10 ſ — d
5 valent 4	l 5 ſ		5	4 l 7 ſ 6 d
6 valent 5	l 2 ſ		6	5 l 5 ſ — d
7 valent 5	l 19 ſ		7	6 l 2 ſ 6 d
8 valent 6	l 16 ſ		8	7 l — ſ — d
9 valent 7	l 13 ſ		9	7 l 17 ſ 6 d
10 valent 8	l 10 ſ		10	8 l 15 ſ — d
11 valent 9	l 7 ſ		11	9 l 12 ſ 6 d
12 valent 10	l 4 ſ		12	10 l 10 ſ — d
13 valent 11	l 1 ſ		13	11 l 7 ſ 6 d
14 valent 11	l 18 ſ		14	12 l 5 ſ — d
15 valent 12	l 15 ſ		15	13 l 2 ſ 6 d
16 valent 13	l 12 ſ		16	14 l — ſ — d
17 valent 14	l 9 ſ		17	14 l 17 ſ 6 d
18 valent 15	l 6 ſ		18	15 l 15 ſ — d
19 valent 16	l 3 ſ		19	16 l 12 ſ 6 d
20 valent 17	l — ſ		20	17 l 10 ſ — d
21 valent 17	l 17 ſ		21	18 l 7 ſ 6 d
22 valent 18	l 14 ſ		22	19 l 5 ſ — d
23 valent 19	l 11 ſ		23	20 l 2 ſ 6 d
24 valent 20	l 8 ſ		24	21 l — ſ — d
trois quarts	l 12 ſ 9		3 quarts	l 19 ſ 1 d
la demi	l 8 ſ 6		la demi	l 8 ſ 9 d
le quart	l 4 ſ 3		le quart	l 4 ſ 4 d
trois deniers	l 2 ſ 1		3 trois de.	l 2 ſ 2 d
un et demi	l 1 ſ —		1 et dem.	l 1 ſ 1 d
un denier	l — ſ 8		1 denier	l — ſ 8 d
demi deniers	l — ſ 4		demi de.	l — ſ 4 d

2 valent 1	16 ſ —	2	1	17 ſ —
3 valent 2	14 ſ —	3	2	15 ſ 6 d
4 valent 3	12 ſ —	4	3	14 ſ —
5 valent 4	10 ſ —	5	4	12 ſ 6 d
6 valent 5	8 ſ —	6	5	11 ſ —
7 valent 6	6 ſ —	7	6	9 ſ 6
8 valent 7	4 ſ —	8	7	8 ſ —
9 valent 8	2 ſ —	9	8	6 ſ 6
10 valent 9	— ſ —	10	9	5 ſ —
11 valent 9	18 ſ —	11	10	3 ſ 6 d
12 valent 10	16 ſ —	12	11	1 ſ —
13 valent 11	14 ſ —	13	12	— ſ 6 d
14 valent 12	12 ſ —	14	12	19 ſ —
15 valent 13	10 ſ —	15	13	17 ſ 6 d
16 valent 14	8 ſ —	16	14	16 ſ —
17 valent 15	6 ſ —	17	15	14 ſ 6 d
18 valent 16	4 ſ —	18	16	13 ſ —
19 valent 17	2 ſ —	19	17	11 ſ 6 d
20 valent 18	— ſ —	20	18	0 ſ —
21 valent 18	18 ſ —	21	19	8 ſ 6 d
22 valent 19	16 ſ —	22	20	7 ſ —
23 valent 20	14 ſ —	23	21	5 ſ 6 d
24 valent 21	12 ſ —	24	22	4 ſ —
3 quart	13 ſ 6	3 quart		13 ſ 10 d
la demi	9 ſ —	la demi		9 ſ 3 d
le quart	4 ſ 6	le quart		4 ſ 7 d
3 deniers	2 ſ 3	3 denier		2 ſ 3 d
1 & demi	1 ſ 1	1 & demi		1 ſ 1 d
1 denier	— ſ 9	1 denier		— ſ 9 d
demi denier	— ſ 4	demi denier		— ſ 4 d

A 19. ſ. l'once			A 19. ſ. 6. d.		
2 valent 1	l18 ſ	— d	2	1 l 19 ſ	—
3 valent 2	l17 ſ	— d	3	2 l 18 ſ	6 d
4 valent 3	l16 ſ	— d	4	3 l 18 ſ	—
5 valent 4	l15 ſ	— d	5	4 l 17 ſ	6 d
6 valent 5	l14 ſ	— d	6	5 l 17 ſ	—
7 valent 6	l13 ſ	— d	7	6 l 16 ſ	6 d
8 valent 7	l12 ſ	— d	8	7 l 16 ſ	—
9 valent 8	l11 ſ	— d	9	8 l 15 ſ	6 d
10 valent 9	l10 ſ	— d	10	9 l 15 ſ	—
11 valent 10 l	9 ſ	— d	11	10 l 14 ſ	6 d
12 valent 11 l	8 ſ	— d	12	11 l 14 ſ	—
13 valent 12 l	7 ſ	— d	13	12 l 13 ſ	6 d
14 valent 13 l	6 ſ	— d	14	13 l 13 ſ	—
15 valent 14 l	5 ſ	— d	15	14 l 12 ſ	6 d
16 valent 15 l	4 ſ	— d	16	15 l 12 ſ	—
17 valent 16 l	3 ſ	— d	17	16 l 11 ſ	6 d
18 valent 17 l	2 ſ	— d	18	17 l 11 ſ	—
19 valent 18 l	1 ſ	— d	19	18 l 10 ſ	6 d
20 valent 19 l	— ſ	— d	20	19 l 10 ſ	—
21 valent 19 l19	ſ	— d	21	20 l 9 ſ	6 d
22 valent 20 l18	ſ	— d	22	21 l 9 ſ	—
23 valent 21 l17	ſ	— d	23	22 l 8 ſ	6 d
24 valent 22 l16	ſ	— d	24	23 l 8 ſ	—
3 quart.	l14 ſ	3 d	3 quart l	14 ſ	7 d
la demi 1	9 ſ	6 d	la demi	9 ſ	9 d
le quart 1	4 ſ	9 d	le quart l	4 ſ	10 d
3 denier 1	2 ſ	4 d	3 denie l	2 ſ	5 d
1 & demi 1	1 ſ	2 d	1 & de. l	1 ſ	2 d
1 denier 1	— ſ	9 d	1 denier l	— ſ	9 d
demi denier 1	— ſ	4 d	dem.de. l	— ſ	4 d

2 valent	2 l	ſ		2	2 l	1	—d
3 valent	3 l	ſ		3	3 l	1ſ 6 d
4 valent	4 l	ſ		4	4 l	2ſ —d
5 valent	5 l	ſ		5	5 l	2 ſ 6 d
6 valent	6 l	ſ		6	6 l	3ſ —d
7 valent	7 l	ſ		7	7 l	3ſ 6 d
8 valent	8 l	ſ		8	8 l	4ſ —d
9 valent	9 l	ſ		9	9 l	4ſ 6 d
10 valent	10 l	ſ		10	10 l	5ſ —d
11 valent	11 l	ſ		11	11 l	5ſ 6d
12 valent	12 l	ſ		12	12 l	6ſ —d
13 valent	13 l	ſ		13	13 l	6ſ 6 d
14 valent	14 l	ſ		14	14 l	7ſ —d
15 valent	15 l	ſ		15	15 l	7ſ 6 d
16 valent	16 l	ſ		16	16 l	8ſ —d
17 valent	17 l	ſ		17	17 l	8ſ 6 d
18 valent	18 l	ſ		18	18 l	9ſ —d
19 valent	19 l	ſ		19	19 l	9ſ 6 d
20 valent	20 l	ſ		20	20 l	10ſ —d
21 valent	21 l	ſ		21	21 l	10ſ 6d
22 valent	22 l	ſ		22	22 l	11ſ —d
23 valent	23 l	ſ		23	23 l	11ſ 6 d
24 valent	24 l	ſ		24	24 l	12ſ —d
3 quarts		15ſ—d		3 quart		15ſ 4 d
la demi		10ſ—d		la demi		10ſ 3 d
le quart		5ſ—d		le quart		5ſ 1 d
3 denier		2 ſ 6d		3 denier		2ſ 6 d
1 & demi		1 ſ 3d		1 & demi		1ſ 3 d
1 denier		—ſ 10d		1 denier		—ſ 10 d
demi denier		—ſ 5d		demi denier		—ſ 5 d

	A 21.f.l'once			A 21.f.6.d.		
2 valent	2 l	2 f		2 l	3 f	— d
3 valent	3 l	3 f		3 l	4 f	6 d
4 valent	4 l	4 f		4 l	6 f	— d
5 valent	5 l	5 f		5 l	7 f	6 d
6 valent	6 l	6 f		6 l	9 f	— d
7 valent	7 l	7 f		7 l	10 f	6 d
8 valent	8 l	8 f		8 l	12 f	— d
9 valent	9 l	9 f		9 l	13 f	6 d
10 valent	10 l	10 f		10 l	15 f	— d
11 valent	11 l	11 f		11 l	16 f	6 d
12 valent	12 l	12 f		12 l	18 f	— d
13 valent	13 l	13 f		13 l	19 f	6 d
14 valent	14 l	14 f		15 l	1 f	— d
15 valent	15 l	15 f		16 l	2 f	6 d
16 valent	16 l	16 f		17 l	4 f	— d
17 valent	17 l	17 f		18 l	5 f	6 d
18 valent	18 l	18 f		19 l	7 f	— d
19 valent	19 l	19 f		20 l	8 f	6 d
20 valent	21 l	— f		21 l	10 f	— d
21 valent	22 l	1 f		22 l	11 f	6 d
22 valent	23 l	2 f		23 l	13 f	— d
23 valent	24 l	3 f		24 l	14 f	6 d
24 valent	25 l	4 f		25 l	16 f	— d
trois quarts		15 f 9 d	3 quarts		15 f 1 d	
la demi		10 f 6 d	la demi		10 f 9 d	
le quart		5 f 3 d	le quart		5 f 4 d	
trois denier		2 f 7 d	3 quart		2 f 8 d	
un & demi		1 f 3 d	1 & dem		1 f 4 d	
un denier		— f 10 d	1 denier		— f 10 d	
demi denier		— f 5 d	demiden		— f 5 d	

A 22 ſ. l'once			A 22 ſ. 6.d.			
2 valent	2 l	4 ſ	2	2 l	5 ſ	— d
3 valent	3 l	6 ſ	3	3 l	7 ſ	6 d
4 valent	4 l	8 ſ	4	4 l	10 ſ	— d
5 valent	5 l	10 ſ	5	5 l	12 ſ	6 d
6 valent	6 l	12 ſ	6	6 l	15 ſ	— d
7 valent	7 l	14 ſ	7	7 l	17	6 d
8 valent	8 l	16 ſ	8	9 l	— ſ	— d
9 valent	9 l	18 ſ	9	10 l	2 ſ	6 d
10 valent	11 l	— ſ	10	11 l	5 ſ	— d
11 valent	12 l	2 ſ	11	12 l	7 ſ	6 d
12 valent	13 l	4 ſ	12	13 l	10 ſ	— d
13 valent	14 l	6 ſ	13	14 l	12 ſ	6 d
14 valent	15 l	8 ſ	14	15 l	15 ſ	— d
15 valent	16 l	10 ſ	15	16 l	17 ſ	6 d
16 valent	17 l	12	16	18 l	— ſ	— d
17 valent	18 l	14 ſ	17	19 l	2 ſ	6 d
18 valent	19 l	16 ſ	18	20 l	5 ſ	— d
19 valent	20 l	18 ſ	19	21 l	7 ſ	6 d
20 valent	22 l	— ſ	20	22 l	10 ſ	— d
21 valent	23 l	2 ſ	21	23 l	12 ſ	6 d
22 valent	24 l	4 ſ	22	24 l	15 ſ	— d
23 valent	25 l	6 ſ	23	25 l	17 ſ	6 d
24 valent	26 l	8 ſ	24	27 l	— ſ	— d
trois quarts	16 ſ	6 d	3 quarts	16 ſ	10 d	
la demi	11 ſ	— d	la demi	11 ſ	3 d	
le quart	5 ſ	6 d	le quarts	5 ſ	7 d	
trois denier	2 ſ	9 d	3 denier	2 ſ	9 d	
un & demi	1 ſ	4 d	1 & dem	1 ſ	4 d	
un denier	— ſ	11 d	1 denier	— ſ	11 d	
demi denier	— ſ	5 d	demi den	— ſ	5 d	

A 23 ſ. l'once				A 23 ſ. 6 d.			
2 valent	2 l	6ſ		2	2 l	7ſ	—d
3 valent	3 l	9ſ		3	3 l	10ſ	6 d
4 valent	4 l	12ſ		4	4 l	14ſ	—d
5 valent	5 l	15ſ		5	5 l	17ſ	6 p
6 valent	6 l	18ſ		6	7 l	1ſ	—d
7 valent	8 l	1ſ		7	8 l	4ſ	6 d
8 valent	9 l	4ſ		8	9 l	8ſ	—d
9 valent	10 l	7ſ		9	10 l	11ſ	6 d
10 valent	11 l	10ſ		10	11 l	15ſ	—d
11 valent	12 l	13ſ		11	12 l	18ſ	6 d
12 valent	13 l	16ſ		12	14 l	2ſ	—c
13 valent	14 l	19ſ		13	15 l	5ſ	6 d
14 valent	16 l	2ſ		14	16 l	9ſ	—d
15 valent	17 l	5ſ		15	17 l	12ſ	6 d
16 valent	18 l	8ſ		16	18 l	16ſ	—d
17 valent	19 l	11ſ		17	19 l	19ſ	6 d
18 valent	20 l	14ſ		18	21 l	3ſ	—d
19 valent	21 l	17ſ		19	22 l	6ſ	6 d
20 valent	23 l	—ſ		20	23 l	10ſ	—d
21 valent	24 l	3ſ		21	24 l	13ſ	6 d
22 valent	25 l	6ſ		22	25 l	17ſ	—d
23 valent	26 l	9ſ		23	27 l	—ſ	6 d
24 valent	27 l	12ſ		24	28 l	4ſ	—d
3 deniers	l	17ſ	3 d	3 quarts	l	17ſ	7 d
la demi	l	11ſ	6 d	la demi	l	11ſ	9 d
le quare	l	5ſ	9 d	le quart	l	5ſ	10d
3 deniers	l	2ſ	10d	3 denier	l	2ſ	11 d
un & demi	l	1ſ	5d	1 & demi	l	1ſ	5 d
un denier	l	—ſ	11d	1 denier	l	—ſ	11d
demi deniers	l	—ſ	5d	demi de.	l	—ſ	5d

	A 24. ſ. lonçe			A 24. ſ. 6. d.	
2 valent	2 l 8 ſ —		2	2 l 9 ſ —	
3 valent	3 l 12 ſ —		3	3 l 13 ſ 6 d	
4 valent	4 l 16 ſ —		4	4 l 18 ſ —	
5 valent	6 l — ſ —		5	6 l 2 ſ 6 d	
6 valent	7 l 4 ſ —		6	7 l 7 ſ —	
7 valent	8 l 8 ſ —		7	8 l 11 ſ 6 d	
8 valent	9 l 12 ſ —		8	9 l 16 —	
9 valent	10 l 16 ſ —		9	11 l — ſ 6 d	
10 valent	12 l — ſ —		10	12 l 5 ſ —	
11 valent	13 l 4 ſ —		11	13 l 9 ſ 6 d	
12 valent	14 l 8 ſ —		12	14 l 14 ſ —	
13 valent	15 l 12 ſ —		13	15 l 18 ſ 6 d	
14 valent	16 l 16 ſ —		14	17 l 3 ſ —	
15 valent	18 l — ſ —		15	18 l 7 ſ 6 d	
16 valent	19 l 4 ſ —		16	19 l 12 —	
17 valent	20 l 8 ſ —		17	20 l 16 ſ 6 d	
18 valent	21 l 12 ſ —		18	22 l 1 ſ —	
19 valent	22 l 16 ſ —		19	23 l 5 ſ 6 d	
20 valent	24 l — ſ —		20	24 l 10 ſ —	
21 valent	25 l 4 ſ —		21	25 l 14 ſ 6 d	
22 valent	26 l 8 ſ —		22	26 l 19 ſ —	
23 valent	27 l 12 ſ —		23	28 l 3 ſ 6 d	
24 valent	28 l 16 ſ —		24	29 l 8 —	
3 quarts	1 18 ſ —		3 quarts	1 18 ſ	4
la demi	1 12 ſ —		la demi	1 12 ſ	3
le quarts	1 6 ſ —		le quart	1 6 ſ	1
3 deniers	1 3 ſ —		3 deniers	1 3 ſ —	
1 & demi	1 1 ſ 6		1 & demi	1 1 ſ	
1 denier	1 1 ſ —		1 denier	1 1 ſ —	
demi denier	1 — ſ 6		demi de.	1 — ſ 6	

A 25 ſ. l'once			A 25. ſ. 6 d.		
2 valent 2 l 10 ſ			2	2 l 11 ſ —	
3 valent 3 l 15 ſ			3	3 l 16 ſ 6 d	
4 valent 5 l — ſ			4	5 l 2 ſ —	
5 valent 6 l 5 ſ			5	6 l 7 ſ 6 d	
6 valent 7 l 10 ſ			6	7 l 13 ſ —	
7 valent 8 l 15 ſ			7	8 l 18 ſ 6 d	
8 valent 10 l — ſ			8	10 l 4 ſ —	
9 valent 11 l 5 ſ			9	11 l 9 ſ 6 d	
10 valent 12 l 10 ſ			10	12 l 15 ſ —	
11 valent 13 l 15 ſ			11	14 l — ſ 6 d	
12 valent 15 l — ſ			12	15 l 6 ſ — d	
13 valent 16 l 5 ſ			13	16 l 11 ſ 6 d	
14 valent 17 l 10 ſ			14	17 l 17 ſ — d	
15 valent 18 l 15 ſ			15	19 l 2 ſ 6 d	
16 valent 20 l — ſ			16	20 l 8 ſ — d	
17 valent 21 l 5 ſ			17	21 l 13 ſ 6 d	
18 valent 22 l 10 ſ			18	22 l 19 ſ — d	
19 valent 23 l 15 ſ			19	24 l 4 ſ 6 d	
20 valent 25 l — ſ			20	25 l 10 ſ — d	
21 valent 26 l 5 ſ			21	26 l 15 ſ 6 d	
22 valent 27 l 10 ſ			22	28 l 1 ſ — d	
23 valent 28 l 15 ſ			23	29 l 6 ſ 6 d	
24 valent 30 l — ſ			24	30 l 12 ſ — d	
trois quarts	18 ſ 9 d		3 quarts	l 19 ſ 1 d	
la demi	12 ſ 6 d		la demi	l 12 ſ 9 d	
le quart	6 ſ 3 d		le quart	l 6 ſ 4 d	
3 denier	3 ſ 1 d		3 denier	l 3 ſ 2 d	
un & demi	1 ſ 6 d		1 & demi	l 1 6 d	
un denier	1 — d		1 denier	l 1 — d	
demi denier	— 1 6		demi den.	l 6 6 d	

2 valent	2 l	12 ſ		2	2 l 13 ſ	— d
3 valent	3 l	18 ſ		3	3 l 19 ſ	6 d
4 valent	5 l	4 ſ		4	5 l 6 ſ	— d
5 valent	6 l	10 ſ		5	6 l 12 ſ	6 d
6 valent	7 l	16 ſ		6	7 l 19 ſ	— d
7 valent	9 l	2 ſ		7	9 l 5 ſ	6 d
8 valent	10 l	8 ſ		8	10 l 12 ſ	— d
9 valeut	11 l	14 ſ		9	11 l 18 ſ	6 d
10 valent	13 l	— ſ		10	13 l 5 ſ	— d
11 valent	14 l	6 ſ		11	14 l 11 ſ	6 d
12 valent	15 l	12 ſ		12	15 l 18 ſ	— d
13 valent	16 l	18 ſ		13	17 l 4 ſ	6 d
14 valent	18 l	4 ſ		14	18 l 11 ſ	— d
15 valent	19 l	10 ſ		15	19 l 17 ſ	6 d
16 valent	20 l	16 ſ		16	21 l 4 ſ	— d
17 valent	22 l	2 ſ		17	22 l 10 ſ	6 d
18 valent	23 l	8 ſ		18	23 l 17 ſ	— d
19 valent	24 l	14 ſ		19	25 l 3 ſ	6 d
20 valent	26 l	— ſ		20	26 l 10 ſ	— d
21 valent	27 l	6 ſ		21	27 l 16 ſ	6 d
22 valent	28 l	12 ſ		22	29 l 3 ſ	— d
23 valent	29 l	18 ſ		23	30 l 9 ſ	6 d
24 valent	31 l	4 ſ		24	31 l 16 ſ	— d
trois quarts	1 19 ſ	6 d		3 quarts	1 19 ſ	10 d
la demi	1 13 l	— d		la demi	1 13 ſ	3 d
le quarts	1 6 ſ	6 d		le quarts	1 6 ſ	7 d
trois deniers	1 3 ſ	3 d		3 trois de	1 3 ſ	3 d
un & demi	1 1 ſ	7 d		1 & dem	1 1 ſ	7 d
un ¼ denier	1 1 ſ	1 d		1 denier	1 1 ſ	1 d
demi deniers	1 — ſ	6 d		demi de.	1 — ſ	6 d

	A 27 ſ. l'once		A 27 ſ. 6 d.	
2	val. 2 l 14 ſ — d	2	2 l 15 ſ — d
3	val. 4 l 1 ſ — d	3	4 l 2 ſ 6 d
4	val. 5 l 8 ſ — d	4	5 l 10 ſ — d
5	val. 6 l 15 ſ — d	5	6 l 17 ſ 6 d
6	val. 8 l 2 ſ — d	6	8 l 5 ſ — d
7	val. 9 l 9 ſ — d	7	9 l 12 ſ 6 d
8	val. 10 l 16 ſ — d	8	11 l — ſ — d
9	val. 12 l 3 ſ — d	9	12 l 7 ſ 6 d
10	val. 13 l 10 ſ — d	10	13 l 15 ſ — d
11	val. 14 l 17 ſ — d	11	15 l 2 ſ 6 d
12	val. 16 l 4 ſ — d	12	16 l 10 ſ — d
13	val. 17 l 11 ſ — d	13	17 l 17 ſ 6 d
14	val. 18 l 18 ſ — d	14	19 l 5 ſ — d
15	val. 20 l 5 ſ — d	15	20 l 12 ſ 6 d
16	val. 21 l 12 ſ — d	16	22 l — ſ — d
17	val. 22 l 19 ſ — d	17	23 l 7 ſ 6 d
18	val. 24 l 6 ſ — d	18	24 l 15 ſ — d
19	val. 25 l 13 ſ — d	19	26 l 2 ſ 6 d
20	val. 27 l — ſ — d	20	27 l 10 ſ — d
21	val. 28 l 7 ſ — d	21	28 l 17 ſ 6 d
22	val. 29 l 14 ſ — d	22	30 l 5 ſ — d
23	val. 31 l 1 ſ — d	23	31 l 12 ſ 6 d
24	val. 32 l 8 ſ — d	24	33 l — ſ — d
3 quart	1 l — ſ 3 d	3 qua.	1 l — ſ 7 d
la demi	1 13 ſ 6 d	la demi	1 13 ſ 9 d
le quart	1 6 ſ 9 d	le quart	1 6 ſ 10 d
3 denier	1 3 ſ 4 d	3 deniers	1 3 ſ 5 d
1 & demi	1 1 ſ 8 d	1 & dem	1 1 ſ 8 d
1 denier	1 1 ſ 1 d	1 denier	1 1 ſ 3 d
demi denie	1 — ſ 6 d	demi den	1 — ſ 6 d

		l	ſ				l	ſ	d
2	valent	2	16	—	2		2	17	— d
3	valent	4	4	—	3		4	5	6 d
4	valent	5	12	—	4		5	14	— d
5	valent	7	—	—	5		7	2	6 d
6	valent	8	8	—	6		8	11	— d
7	valent	9	16	—	7		9	19	6 d
8	valent	11	4	—	8		11	8	— d
9	valent	12	12	—	9		12	16	6 d
10	valent	14	—	—	10		14	5	— d
11	valent	15	8	—	11		15	13	6 d
12	valen·	16	16	—	12		17	2	— d
13	valent	18	4	—	13		18	10	6 d
14	valent	19	12	—	14		19	19	— d
15	valent	21	—	—	15		21	7	6 d
16	valent	22	8	—	16		22	16	— d
17	valent	23	16	—	17		24	4	6 d
18	valent	25	4	—	18		25	13	— d
19	valent	26	12	—	19		27	1	6 d
20	valent	28	—	—	20		28	10	— d
21	valent	29	8	—	21		29	18	6 d
22	valent	30	16	—	22		31	7	— d
23	valent	32	4	—	23		32	15	6 d
24	valent	33	12	—	24		34	4	— d
3 quarts		1	1	—	3 quarts		1	1	4 d
la demi		1	14	—	la demi		1	14	3 d
le quare		1	7		le quare		1	7	1 d
3 deniers		1	3	6	3 deniers		1	3	6 d
1 & demi		1	1	9	1 & demi		1	1	9 d
1 denier		1	1	2	1 denier		1	1	2 d
emi denir		1	—	7	demi deniers		1	—	7 d

2 valent 2 l 18 ſ		2	2 l 19 ſ — d
3 valent 4 l 7 ſ		3	4 l 8 ſ 6 d
4 valent 5 l 16 ſ		4	5 l 18 ſ — d
5 valent 7 l 5 ſ		5	7 l 7 ſ 6 d
6 valent 8 l 14 ſ		6	8 l 17 ſ — d
7 valent 10 l 3 ſ		7	10 l 6 ſ 6 d
8 valent 11 l 12 ſ		8	11 l 16 ſ — d
9 valeut 13 l 1 ſ		9	13 l 5 ſ 6 d
10 valent 14 l 10 ſ		10	14 l 15 ſ — d
11 valent 15 l 19 ſ		11	16 l 4 ſ 6 d
12 valent 17 l 8 ſ		12	17 l 14 ſ — d
13 valens 18 l 17 ſ		13	19 l 3 ſ 6 d
14 valent 20 l 6 ſ		14	20 l 13 ſ — d
15 valeut 21 l 15 ſ		15	22 l 2 ſ 6 d
16 valent 23 l 4 ſ		16	23 l 12 ſ — d
17 valent 24 l 13 ſ		17	25 l 1 ſ 6 d
18 valent 26 l 2 ſ		18	26 l 11 ſ — d
19 valent 27 l 11 ſ		19	28 l — ſ 6 d
20 valent 29 l — ſ		20	29 l 10 ſ — d
21 valent 30 l 9 ſ		21	30 l 19 ſ 6 d
22 valent 31 l 18 ſ		22	32 l 9 ſ — d
23 valent 33 l 7 ſ		23	33 l 18 ſ 6 d
24 valent 34 l 16 ſ		24	35 l 8 ſ — d
trois quarts 1 l 1 ſ	9	3 quarts 1 l 2 ſ 1 d
la demi l 14 ſ	6	la demi l 14 ſ 9 d
le quart l 7 ſ	3	le quart l 7 ſ 4 d
trois deniers l 3 ſ	7	3 trois de. l 5 ſ 8 d
un et demi l 1 ſ	9	1 et dem. l . 10 d
un denier l 1 ſ	2	1 denier l 1 ſ 2 d
demi deniers l — ſ	7	demi d. l — ſ 7 d

A 30 ſols l'once					A 30 ſols 6 d.			
2	valent	3 l	— ſ	—	2	3 l	1 ſ	—
3	valent	4 l	10 ſ	—	3	4 l	11 ſ	6 d
4	valent	6 l	— ſ	—	4	6 l	2 ſ	—
5	valent	7 l	10 ſ	—	5	7 l	12 ſ	6 d
6	valent	9 l	— ſ	—	6	9 l	3 ſ	—
7	valent	10 l	10 ſ	—	7	10 l	13 ſ	6
8	valent	12 l	— ſ	—	8	12 l	4 ſ	—
9	valent	13 l	10 ſ	—	9	13 l	14 ſ	6
10	valent	15 l	— ſ	—	10	15 l	5 ſ	— d
11	valent	16 l	10 ſ	—	11	16 l	15 ſ	6
12	valent	18 l	— ſ	—	12	18 l	6 ſ	— d
13	valent	19 l	10 ſ	—	13	19 l	16 ſ	6
14	valent	21 l	— ſ	—	14	21 l	7 ſ	— d
15	valent	22 l	10 ſ	—	15	22 l	17 ſ	6
16	valent	24 l	— ſ	—	16	24 l	8 ſ	— d
17	valent	25 l	10 ſ	—	17	25 l	18 ſ	6
18	valent	27 l	— ſ	—	18	27 l	9 ſ	— d
19	valent	28 l	10 ſ	—	19	28 l	19 ſ	6
20	valent	30 l	— ſ	—	20	30 l	10 ſ	— d
21	valent	31 l	10 ſ	—	21	32 l	— ſ	6
22	valent	33 l	— ſ	—	22	33 l	11 ſ	—
23	valent	34 l	10 ſ	—	23	35 l	1 ſ	6 d
24	valent	36 l	— ſ	—	24	36 l	12 ſ	—
3 quart		1 l	2 ſ	6	3 quart	1 l	2 ſ	10 d
la demi		l	15 ſ	—	la demi	1 l	15 ſ	3 d
le quart		l	7 ſ	6	le quart	l	7 ſ	7 d
3 deniers		l	3 ſ	9	3 denier	l	3 ſ	9 d
1 & demi		l	1 ſ	10	1 & demi	l	1 ſ	10 d
1 denier		l	1 ſ	3	1 denier	l	1 ſ	3 d
demi denier		l	— ſ	7	demi denier	l		ſ	7

A 31 f. l'once					A 32. l. l.		
2 valent	31	2 f	— d	2	3 l	14 f	—
3 valent	4	13 f	— d	3	4 l	6 f	— d
4 valent	6	4 f	— d	4	6 l	8 f	—
5 valent	7	15 f	— d	5	8 l	— f	— d
6 valent	9	6 f	— d	6	9 l	12 f	—
7 valent	10	17 f	— d	7	11 l	4 f	— d
8 valent	12	8 f	— d	8	12 l	16 f	—
9 valent	13	19 f	— d	9	14 l	8 f	— d
10 valent	15	10 f	— d	10	16 l	— f	—
11 valent	17	1 f	— d	11	17 l	12 f	— d
12 valent	18	12 f	— d	12	19 l	4 f	—
13 valent	20	3 f	— d	13	20 l	16 f	— d
14 valent	21	14 f	— d	14	22 l	8 f	—
15 valent	23	5 f	— d	15	24 l	— f	— d
16 valent	24	16 f	— d	16	25 l	12 f	—
17 valent	26	7 f	— d	17	27 l	4 f	— d
18 valent	27	18 f	— d	18	28 l	16 f	—
19 valent	29	9 f	— d	19	30 l	8 f	— d
20 valent	31	— f	— d	20	32	— f	— d
21 valent	32	11 f	— d	21	33 l	12 f	—
22 valent	34	2 f	— d	22	35 l	4 f	— d
23 valent	35	13 f	— d	23	36 l	16 f	— d
24 valent	37	4 f	— d	24	38 l	8 f	—
3 quart.	1 2	3 f	3 d	3 qua.	1 l	4 f	— d
la demi	1	5 f	6 d	la demi	1	16 f	— d
le quart		7 f	9 d	le quart		8 f	— d
3 denier		3 f	10 d	3 denie		4 f	— d
1 & demi		1 f	1 d	1 & de.		2 f	— d
1 denier		1 f	3 d	1 denier		1 f	4 d
demi denier		— f	7 d	dem. de.		— f	8 d

	A 33. ſ. l'once		A 34. ſ. l.
2 valent	3 l 6ſ	2	3 l 8ſ—d
3 valent	4 l 19ſ	3	5 l 2ſ—d
4 valent	6 l 12ſ	4	6 l 16ſ—d
5 valent	8 l 5ſ	5	8 l 10ſ—d
6 valent	9 l 18ſ	6	10 l 4ſ—d
7 valent	11 l 11ſ	7	11 l 18ſ—d
8 valent	13 l 4ſ	8	13 l 12ſ—d
9 valent	14 l 17ſ	9	15 l 6ſ—1
10 valent	16 l 10ſ	10	17 l —ſ—d
11 valent	18 l 3ſ	11	18 l 14ſ—d
12 valent	19 l 16ſ	12	20 l 8ſ—d
13 valent	21 l 9ſ	13	22 l 2ſ—d
14 valent	23 l 2ſ	14	23 l 16ſ—d
15 valent	24 l 15ſ	15	25 l 10ſ—d
16 valent	26 l 8ſ	16	27 l 4ſ—d
17 valent	28 l 1ſ	17	28 l 18ſ—d
18 valent	29 l 14ſ	18	30 l 12ſ—d
19 valent	31 l 7ſ	19	32 l 6ſ—d
20 valent	33 l —ſ	20	34 l —ſ—d
21 valent	34 l 13ſ	21	35 l 14ſ—d
22 valent	36 l 6ſ	22	37 l 8 ſ—d
23 valent	37 l 19ſ	23	39 l 2ſ—d
24 valent	39 l 12ſ	24	40 l 16ſ—d
3 quarts	1 l 4ſ 9t	3 quarts	1 l 5ſ 6d
la demi	1 16ſ 6t	la demi	1 17ſ—d
le quart	1 8ſ 3d	le quart	1 8ſ 6d
3 denier	1 4ſ 1d	3 denier	1 4ſ 3d
1 & demi	1 2ſ—d	1 & demi	1 2ſ 1d
1 denier	1 1ſ 4d	1 denier	1 1ſ 5d
demi denier	1 —ſ 8d	demi denier	1 —ſ 8d

	C. 15.f.l'once		A 56.f.l.	
2 valent 3 l 10 f		2	3 l 12 f — d
3 valent 5 l 5 f		3	5 l 8 f d
4 valent 7 l — f		4	7 l 4 f — d
5 valent 8 l 15 f		5	9 l — f d
6 valent 10 l 10 f		6	10 l 16 f — d
7 valent 12 l 5 f		7	12 l 12 f d
8 valent 14 l — f		8	14 l 8 f — d
9 valent 15 l 15 f		9	16 l 4 f d
10 valent 17 l 10 f		10	18 l — f — d
11 valent 19 l 5 f		11	19 l 16 f d
12 valent 21 l — f		12	21 l 12 f — d
13 valent 22 l 15 f		13	23 l 8 f d
14 valent 24 l 10 f		14	25 l 4 f — d
15 valent 26 l 5 f		15	27 l — l d
16 valent 28 l — f		16	28 l 16 f — d
17 valent 29 l 15 f		17	30 l 12 f d
18 valent 31 l 10 f		18	32 l 8 f — d
19 valent 33 l 5 f		19	34 l 4 f d
20 valent 35 l — f		20	36 l — f — d
21 valent 36 l 15 f		21	37 l 16 f d
22 valent 38 l 10 f		22	39 l 12 f — d
23 valent 40 l 5 f		23	41 l 8 f d
24 valent 42 l — f		24	43 l 4 f — d
3 quarts 1 l 6 f 3 d		3 qua. 1 l 7 f d
la demi 1 l 17 f 6 d		la demi 1 l 18 f d
le quart 1 l 8 f 9 d		le quart 1 l 9 f d
trois denier 1 l 4 f 4 d		3 quart 1 l 4 f 6 d
un & demi 1 l 2 f 2 d		1 & dem 1 l 2 f 3 d
un denier 1 l 1 f 5 d		1 denier 1 l f 6 d
demi denier 1 l — f 8 d		demi den 1 l — f 9 d

	A 37 ſ. lonce			A 38 ſ. l.	
2 valent	3 l 14 ſ		2	3 l 16 ſ	— d
3 valent	5 l 11 ſ		3	5 l 14 ſ	d
4 valent	7 l 8 ſ		4	7 l 12 ſ	— d
5 valent	9 l 5 ſ		5	9 l 10 ſ	d
6 valent	11 l 2 ſ		6	11 l 8 ſ	— d
7 valent	12 l 19 ſ		7	13 l 6	d
8 valent	14 l 16 ſ		8	15 l 4 ſ	— d
9 valent	16 l 13 ſ		9	17 l 2 ſ	d
10 valent	18 l 10 ſ		10	19 l — ſ	— d
11 valent	20 l 7 ſ		11	20 l 18 ſ	d
12 valent	22 l 4 ſ		12	22 l 16 ſ	— d
13 valent	24 l 1 ſ		13	24 l 14 ſ	d
14 valent	25 l 18 ſ		14	26 l 12 ſ	— d
15 valent	27 l 15 ſ		15	28 l 10 ſ	d
16 valent	29 l 12		16	30 l 8 ſ	— d
17 valent	31 l 9 ſ		17	32 l 6 ſ	d
18 valent	33 l 6 ſ		18	34 l 4 ſ	— d
19 valent	35 l 3 ſ		19	36 l 2 ſ	d
20 valent	37 l — ſ		20	38 l — ſ	— d
21 valent	38 l 17 ſ		21	39 l 18 ſ	d
22 valent	40 l 14 ſ		22	41 l 16 ſ	— d
23 valent	42 l 11 ſ		23	43 l 14 ſ	d
24 valent	44 l 8 ſ		24	45 l 12 ſ	— d
trois quarts	1 l 7 ſ	9 d	3 qua	1 l 8 ſ	6 d
la demi	1 l 18 ſ	6 d	la demi	1 l 19 ſ	— d
le quart	1 l 9 ſ	3 d	le quarts	1 l 9 ſ	6 d
trois denier	1 l 4 ſ	7 d	3 denier	1 l 4 ſ	9 d
un & demi	1 l 2 ſ	3 d	1 & dem	1 l 2 ſ	4 d
un denier	1 l 1 ſ	6 d	1 denier	1 l 1 ſ	7 d
demi denier	1 l — ſ	9 d	demi den	1 l — ſ	9 d

2	valent	3	18ſ		2	4 l	ſ—d
3	valent	5	17ſ		3	6 l	ſ d
4	valent	7	16ſ		4	8 l	ſ—d
5	valent	9	15ſ		5	10l	ſ p
6	valent	11	14ſ		6	12l	ſ—d
7	valent	13	13ſ		7	14l	ſ d
8	valent	15	12ſ		8	16l	ſ—d
9	valent	17	11ſ		9	18l	ſ d
10	valent	19	10ſ		10	20l	ſ—d
11	valent	21	9ſ		11	22l	ſ d
12	valent	23	8ſ		12	24l	ſ—c
13	valent	25	7ſ		13	26l	ſ d
14	valent	27	6ſ		14	28l	ſ—d
15	valent	29	5ſ		15	30l	ſ d
16	valent	31	4ſ		16	32l	ſ—d
17	valent	33	3ſ		17	34l	ſ d
18	valent	35	2ſ		18	36l	ſ—d
19	valent	37	1ſ		19	38l	ſ d
20	valent	39	—ſ		20	40l	ſ—d
21	valent	40	19ſ		21	42l	ſ d
22	valent	42	18ſ		22	44l	ſ—d
23	valent	44	17ſ		23	46l	ſ d
24	valent	46	16ſ		24	48l	ſ—d
3 deniers	1	9ſ	3 d		3 qua 1	10 ſ	d
la demi	1	19ſ	6 d		la dem 1	—ſ	—d
le quart	1	9ſ	9 d		le quart 1	10ſ	—d
3 deniers	1	4ſ	10 d		3 denier 1	5ſ	—d
un & demi	1	2ſ	5 d		1 & dem 1	2ſ	6 d
un denier	1	1ſ	7 d		1 denier 1	1ſ	8 d
demi deniers	1	—ſ	9 d		demi de. 1	—ſ	10 d

2	valent	4 l	2 ſ		2	4 l	4 ſ	
3	valent	6 l	3 ſ		3	6 l	6 ſ	
4	valent	8 l	4 ſ		4	8 l	8 ſ	
5	valent	10 l	5 ſ		5	10 l	10 ſ	
6	valent	12 l	6 ſ		6	12 l	12 ſ	
7	valent	14 l	7 ſ		7	14 l	14 ſ	
8	valent	16 l	8 ſ		8	16 l	16	
9	valent	18 l	9 ſ		9	18 l	18 ſ	
10	valent	20 l	10 ſ		10	21 l	— ſ	
11	valent	22 l	11 ſ		11	23 l	2 ſ	
12	valent	24 l	12 ſ		12	25 l	4 ſ	
13	valent	26 l	13 ſ		13	27 l	6 ſ	
14	valent	28 l	14 ſ		14	29 l	8 ſ	
15	valent	30 l	15 ſ		15	31 l	10 ſ	
16	valent	32 l	16 ſ		16	33 l	12	
17	valent	34 l	17 ſ		17	35 l	14 ſ	
18	valent	36 l	18 ſ		18	37 l	16 ſ	
19	valent	38 l	19 ſ		19	39 l	18 ſ	
20	valent	41 l	— ſ		20	42 l	— ſ	
21	valent	43 l	1 ſ		21	44 l	2 ſ	
22	valent	45 l	2 ſ		22	46 l	4 ſ	
23	valent	47 l	3 ſ		23	48 l	6 ſ	
24	valent	49 l	4 ſ		24	50 l	8	
3 quarts		1 l	10 ſ	9	3 qua.	1 l	11 ſ	6
la demi		1 l	— ſ	6	la dem	1 l	1 ſ	—
le qurrts		1	10 ſ	3	le quart	1	10 ſ	6
3 deniers		1	5 ſ	1	3 deniers	1	5 ſ	3
3 & demi		1	2 ſ	6	3 & demi	1	2 ſ	7
1 denier		1	1 ſ	8	1 denier	1	1 ſ	9
demi denier		1	— ſ	10	demi de.	1	— ſ	10

	A 43. sols l'once			A 44. s.l.	
à 2 valent	4 l	6 ſ	2	4 l	8 ſ —
à 3 valent	6 l	9 ſ	3	6 l 12 ſ	d
à 4 valent	8 l	12 ſ	4	8 l 16 ſ —	
à 5 valent	10 l	15 ſ	5	11 l — ſ	d
à 6 valent	12 l	18 ſ	6	13 l 4 ſ —	
à 7 valent	15 l	1 ſ	7	15 l 8 ſ	d
à 8 valent	17 l	4 ſ	8	17 l 12 ſ —	
à 9 valent	19 l	7 ſ	9	19 l 16 ſ	d
10 valent	21 l	10 ſ	10	22 l — ſ	
11 valent	23 l	13 ſ	11	24 l 4 ſ	d
12 valent	25 l	16 ſ	12	26 l 8 ſ — d	
13 valent	27 l	19 ſ	13	28 l 12 ſ	d
14 valent	30 l	2 ſ	14	30 l 16 ſ — d	
15 valent	32 l	5 ſ	15	33 l — ſ	d
16 valent	34 l	8 ſ	16	35 l 4 ſ — d	
17 valent	36 l	11 ſ	17	37 l 8 ſ	d
18 valent	38 l	14 ſ	18	39 l 12 ſ — d	
19 valent	40 l	17 ſ	19	41 l 16 ſ	d
20 valent	43 l	— ſ	20	44 l — ſ — d	
21 valent	45 l	3 ſ	21	46 l 4 ſ	d
22 valent	47 l	6 ſ	22	48 l 8 ſ — d	
23 valent	49 l	9 ſ	23	50 l 12 ſ	d
24 valent	51 l	12 ſ	24	52 l 16 ſ — d	
trois quarts	1 l	12 ſ 3 d	; qua. 1 l	13 ſ — d	
la demi	1 l	1 ſ 6 d	la dem 1 l	2 ſ — d	
le quart		10 ſ 9 d	le quart 1 l	11 ſ — ɔ	
3 denier		5 ſ 4 d	3 denier 1 l	5 ſ 6 d	
un & demi		2 ſ 8 d	1 & demi 1 l	2 ſ 8 d	
un denier		1 ſ 9 d	1 denier 1 l	1 ſ 10 d	
demi denier	— l	10 d	demi den. 1 l	— ſ 11 d	

A 45.ſ.l'once				A 45.ſ.l.		
2 valent	4 l 10 ſ			2	4 l 12 ſ	
3 valent	6 l 15 ſ			3	6 l 18 ſ	
4 valent	9 l — ſ			4	9 l 4 ſ	
5 valent	11 l 5 ſ			5	11 l 10 ſ	
6 valent	13 l 10 ſ			6	13 l 16 ſ	
7 valent	15 l 15 ſ			7	16 l 2 ſ	
8 valent	18 l — ſ			8	18 l 8 ſ	
9 valeur	20 l 5 ſ			9	20 l 14 ſ	
10 valent	22 l 10 ſ			10	23 l — ſ	
11 valent	24 l 15 ſ			11	25 l 6 ſ	
12 valent	27 l — ſ			12	27 l 12 ſ	
13 valent	29 l 5 ſ			13	29 l 18 ſ	
14 valent	31 l 10 ſ			14	32 l 4 ſ	
15 valent	33 l 15 ſ			15	34 l 10 ſ	
16 valent	36 l — ſ			16	36 l 16 ſ	
17 valent	38 l 5 ſ			17	39 l 2 ſ	
18 valent	40 l 10 ſ			18	41 l 8 ſ	
19 valent	42 l 15 ſ			19	43 l 14 ſ	
20 valent	45 l — ſ			20	46 l — ſ	
21 valent	47 l 5 ſ			21	48 l 6 ſ	
22 valent	49 l 10 ſ			22	50 l 12 ſ	
23 valent	51 l 15 ſ			23	52 l 18 ſ	
24 valent	54 l — ſ			24	55 l 4 ſ	
trois quarts	1 l 13 ſ	9 d		3 qua 1 l	14 ſ	6 d
la demi	1 l 2 ſ	6 d		la dem 1 l 3	ſ —	d
le quarts	1 l 11 ſ	3 d		le quarts	11 ſ	6 d
trois deniers	1 5 ſ	7 d		3 trois de	5 ſ	9 d
un & demi	1 2 ſ	9 d		1 & dem 1	2 ſ	10 d
un denier	1 1 ſ	10 d		1 denier 1	1 ſ	11 d
demi deniers	1 — ſ	11 d		demi de. 1 — ſ		11 d

A 47 ſ. l'once			A 48 ſ. l'once		
2 val.	4 l 14 ſ	— d	2	4 l 16 ſ	— d
3 val.	7 l 1 ſ	— d	3	7 l 4 ſ	d
4 val.	9 l 8 ſ	— d	4	9 l 12 ſ	d
5 val.	11 l 15 ſ	— d	5	12 l — ſ	d
6 val.	14 l 2 ſ	— d	6	14 l 8 ſ	— d
7 val.	16 l 9 ſ	— d	7	16 l 16 ſ	d
8 val.	18 l 16 ſ	— d	8	19 l 4 ſ	— d
9 val.	21 l 3 ſ	— d	9	21 l 12 ſ	d
10 val.	23 l 10 ſ	— d	10	24 l — ſ	— d
11 val.	25 l 17 ſ	— d	11	26 l 8 ſ	d
12 val.	28 l 4 ſ	— d	12	28 l 16 ſ	— d
13 val.	30 l 11 ſ	— d	13	31 l 4 ſ	d
14 val.	32 l 18 ſ	— d	14	33 l 12 ſ	— d
15 val.	35 l 5 ſ	— d	15	36 l — ſ	d
16 val.	37 l 12 ſ	— d	16	38 l 8 ſ	— d
17 val.	39 l 19 ſ	— d	17	40 l 16 ſ	d
18 val.	42 l 6 ſ	— d	18	43 l 4 ſ	— d
19 val.	44 l 13 ſ	— d	19	45 l 12 ſ	d
20 val.	47 l — ſ	— d	20	48 l — ſ	d
21 val.	49 l 7 ſ	— d	21	50 l 8 ſ	d
22 val.	51 l 14 ſ	— d	22	52 l 16 ſ	d
23 val.	54 l 1 ſ	— d	23	55 l 4 ſ	d
24 val.	56 l 8 ſ	— d	24	57 l 12 ſ	— d
3 quarts	1 l 15 ſ	3 d	3 qua.	1 l 16 ſ	d
la demi	1 l 3 ſ	6 d	la dem	1 l 4 ſ	d
le quart	1 l — ſ	9 d	le quart	1 l 12 ſ	d
3 denier	1 l — ſ	10 d	3 deniers	1 l 6 ſ	d
1 & demi	1 l 2 ſ	11 d	1 & dem	1 l 3 ſ	d
1 denier	1 l 1 ſ	11 d	1 denier	1 l 2 ſ	d
demi denie	1 l — ſ	11 d	demi den	1 l 1 ſ	d

TARIF

TARIF
POUR LES CHANGES
qui se font suivant l'Ordonnance du Roy, & le cours de la Place du Change, entre Marchands Banquiers & autres gens d'affaires.

AVEC

Les Escontes faits, où l'on voit ce que l'on gagne d'esconter.

Lesquels Escontes serviront aussi à ceux qui negocient en diverses Villes de l'Empire, pour la Reduction de la Monnoye courante, en Monnoye de Change, à raison de 112. 114. 116. plus ou moins, pour avoir 100. Florins ou Gouldes, Monnoye de Change desdits endroits.

Ils servent aussi pour le dont que l'on fait à la vente de diverses marchandises où l'on fait bon, tant pour cent.

V

Le Change à 5. pour cent,

qui eſt 5. livr. de profit ſur 100. l. pour un an.

2. ſ. gagnent	— ſ.	1	60. l. gagnét	3. l.	—
4. ſ. gagnent	— ſ.	1	70. l.	3. l. 10	
4. ſ. gagnent	— ſ.	2	80. l.	4. l.	—
5. ſ. gagnent	— ſ.	3	90. l.	4. l. 10	
6. ſ. gagnent	— ſ.	3	100. l.	5. l.	—
7. ſ. gagnent	— ſ.	4	200. l.	10. l.	—
8. ſ. gagnent	— ſ.	4	300. l.	15. l.	—
9. ſ. gagnent	— ſ.	5	400. l.	20. l.	—
10. ſ. gagnent	— ſ.	6	500. l.	25. l.	—
20. ſ. gagnent	1. ſ.	—	600. l.	30. l.	—
2. l. gagnent	2. ſ.	—	700. l.	35. l.	—
3. l. gagnent	3. ſ.	—	800. l.	40. l.	—
4. l. gagnent	4. ſ.	—	900. l.	45. l.	—
5. l. gagnent	5. ſ.	—	1000. l.	50. l.	—
6. l. gagnent	6. ſ.	—	2000. l.	100. l.	—
7. l. gagnent	7. ſ.	—	3000. l.	150. l.	—
8. l. gagnent	8. ſ.	—	4000. l.	200. l.	—
9. l. gagnent	9. ſ.	—	5000. l.	250. l.	—
10. l. gagnent	10. ſ.	—	6000. l.	300. l.	—
20. l. gagnent	1. l.	—	7000. l.	350. l.	—
30. l. gagnent	1. l. 10		8000. l.	400. l.	—
40. l. gagnent	2. l.	—	9000. l.	450. l.	—
50. l. gagnent	2. l. 10		10000. l.	500. l.	—

Pour ſçavoir le Profit de 9650. à 5. l. pour cent, voyez cy-deſſus que

9000 l.	o. ſ. gagnent		450. l. 0. ſo
600 l.	o. ſ. gagnent		30. l. 0. ſ. d
50. l.	o. ſ. gagnent		2. l. 10. ſ. o
o. l.	10. ſ. gagnent		o. l. 0. ſ. 6

9650. l. 10. ſ. gagnent			482. l. 10. ſ. 6

Le Change 2. & demy pour cent,
qui eſt 2.l. 10.ſ.ſur 100.liv.de profit pour 6.mois.

5.ſ. gagnent — .ſ. 1	100.l.gagn.2.l.10
6.ſ. gagnent — .ſ. 1	200.l. 5.l.—
7.ſ. gagnent — .ſ. 2	300.l. 7.l.10
8.ſ. gagnent — .ſ. 2	400.l. 10.l.—
9.ſ. gagnent — .ſ. 2	500.l. 12.l.10
10.ſ. gagnent — .ſ. 3	600.l. 15.l.—
20.ſ. gagnent — .ſ. 6	700.l. 17.l.10
2.l. gagnent 1.ſ.—	800.l. 20.l.—
3.l. gagnent 1.ſ. 6	900.l. 22.l.10
4.l. gagnent 2.ſ.—	1000.l. 25.l.—
5.l. gagnent 2.ſ. 6	2000.l. 50.l.—
6.l. gagnent 3.ſ.—	3000.l. 75.l.—
7.l. gagnent 3.ſ. 6	4000.l. 100.l.—
8.l. gagnent 4.ſ.—	5000.l. 125.l.—
9.l. gagnent 4.ſ. 6	6000.l. 150.l.—
10.l. gagnent 5.ſ.—	7000.l. 175.l.—
20.l. gagnent 10.ſ.—	8000.l. 200.l.—
30.l. gagnent 15.ſ.—	9000.l. 225.l.—
40.l. gagnent 1.l.—	10000.l. 250.l.—
50.l. gagnent 1.l. 5	20000.l. 500.l.—
60.l. gagnent 1.l.10	30000.l. 750.l.—
70.l. gagnent 1.l.15	40000.l. 1000.l.—
80.l. gagnent 2.l.—	50000.l. 1250.l.—
90 l. gagnent 2.l. 5	60000.l. 1500.l.—

Pour ſçavoir le Profit de 30565.l. à 2. & demy pour cent, vous voyez cy-deſſus que

30000. l.	gagnent	750. l. 0.ſ. 0
500. l.	gagnent	12. l. 10.ſ. 0
60. l.	gagnent	1. l. 10.ſ. 0
5. l.	gagnent	2.ſ. 0

30565. l. 0.ſ. gagnent   764. l. 2.ſ.

1. l. gagnent	.	.	3	60. l. g.	15 —
2. l. gagnent	.	.	6	70. l.	17. 6
3. .. gagnent	.	.	9	80. l.	1. —
4. l. gagnent	.	1.	—	90. l.	1. 2. 6
5. l. gagnent	.	1.	3	100. l.	1. 5 —
6. l. gagnent	.	1.	6	200. l.	2. 10 —
7. l. gagnent	.	1.	9	300. l.	3. 15 —
8. l. gagnent	.	2.	—	400. l.	5. —
9. l. gagnent	.	2.	3	500. l.	6. 5 —
10. l. gagnent	.	2.	6	600. l.	7. 10 —
11. l. gagnent	.	2.	9	700. l.	8. 15 —
12. l. gagnent	.	3.	—	800. l.	10. —
13. l. gagnent	.	3.	3	900. l.	11. 5 —
14. l. gagnent	.	3.	6	1000. l.	12. 10 —
15. l. gagnent	.	3.	9	2000. l.	25. —
16. l. gagnent	.	4.	—	3000. l.	37. 10 —
17. l. gagnent	.	4.	3	4000. l.	50. —
18. l. gagnent	.	4.	6	5000. l.	62. 10 —
19. l. gagnent	.	4.	9	6000. l.	75. —
20. l. gagnent	.	5.	—	7000. l.	87. 10 —
30. l. gagnent	.	7.	6	8000. l.	100. —
40. l. gagnent	.	10.	—	9000. l.	112. 10 —
50. l. gagnent	.	12.	6	10000. l.	125. —

Pour sçavoir le profit de 9450. l. à 1. & 1. quart pour cent
voyez cy-dessus que

9000. l.	gagnent		112. l. 10. s. 0
400. l.	gagnent		5. l. 0. s. 0
50. l.	gagnent		0. l. 12. s. 6
9450. l.	gagnent		118. l. 2. s. 6

Le change à 1. pour cent qui est 20. s. sur 100. l.			Le change à 3. quart pour cét qui est 15. s. sur 100..		
1 l. gagne	— —.	2.d	1 gagnent		1.d
2 l. gagne	— —.	4.d	2 l.——		3.d
3 l. gagne	— —.	7.d	3 l.——		5.d
4 l. gagne	— —.	9.d	4 l.——		7.d
5 l. gagne	— 1.s	0.d	5 l.——		9.d
6 l. gagne	— 1.s	2.d	6 l.——		10.d
7 l. gagne	— 1.s	4.d	7 l.——	1 s	—.d
8 l. gagne	— 1.s	7.d	8 l.——	1 s	2.d
9 l. gagne	— 1.s	9.d	9 l.——	1 s	4.d
10 l. gagne	— 2.s		10 l.——	1 s	6.d
20 l. gagne	— 4.s		20 l.——	3 s	—.d
30 l. gagne	— 6.s		30 l.——	4 s	6.d
40 l. gagne	— 8.s		40 l.——	6 s	—.d
50 l. gagne	— 10.s		50 l.——	7 s	6.d
60 l. gagne	— 12.s		60 l.——	9 s	—.d
70 l. gagne	— 14.s		70 l.——	10 s	6.d
80 l. gagne	— 16.s		80 l.——	12 s	—.d
90 l. gagne	— 18.s		90 l.——	13 s	6.d
100 l. gagne	1 ——		100 l.——	15 s	
200 l. gagne	2 ——		200 l.	1 l 10 s	
300 l. gagne	3 ——		300 l.	2 l 5 s	
400 l. gagne	4 ——		400 l.	3 l — s	
500 l. gagne	5 ——		500 l.	3 l 15 s	
600 l. gagne	6 ——		600 l.	4 l 10 s	
700 l. gagne	7 ——		700 l.	5 l 5 s	
800 l. gagne	8 ——		800 l.	6 l — s	
900 l. gagne	9 ——		900 l.	6 l 15 s	
1000 l. gagne	10 ——		1000 l.	7 l 10 s	
2000 l. gagne	20 ——		2000 l.	15 l — s	
3000 l. gagne	30 ——		3000 l.	22 l 10 s	
4000 l. gagne	40 ——		4000 l.	30 l — s	
5000 l. gagne	50 ——		5000 l.	37 l 10 s	
6000 l. gagne	60 ——		6000 l.	45 l — s	
7000 l. gagne	70 ——		7000 l.	52 l 10 s	

Le change à 2. tier pour cent			Le change à demy pour 100.	
1 l. gagne	—	1	1 l. gagne	ſ 1
2 l. gagne	—	3	2 l. gagne	ſ 2
3 l. gagne	—	5	3 l. gagne	ſ 3
4 l. gagne	—	7	4 l. gagne	ſ 4
5 l. gagne	—	8	5 l. gagne	ſ 6
6 l. gagne	—	10	6 l. gagne	ſ 7
7 l. gagne	1ſ		7 l. gagne	ſ 8
8 l. gagne	1ſ	2	8 l. gagne	ſ 9
9 l. gagne	1ſ	3	9 l. gagne	ſ10
10 l. gagne	1ſ	4	10 l. gagne	1ſ
20 l. gagne	2ſ	8	20 l. gagne	2ſ
30 l. gagne	4ſ		30 l. gagne	3ſ
40 l. gagne	5ſ	4	40 l. gagne	4ſ
50 l. gagne	6ſ	8	50 l. gagne	5ſ
60 l. gagne	8ſ		60 l. gagne	6ſ
70 l. gagne	9ſ	4	70 l. gagne	7ſ
80 l. gagne	10ſ	8	80 l. gagne	8ſ
90 l. gagne	12ſ		90 l. gagne	9ſ
100 l. gagne	13ſ	4	100 l. gagne	10ſ
200 l. gagne	1l 6ſ	8	200 l. gagne	1l. ſ
300 l. gagne	2l		300 l. gagne	1l.10ſ
400 l. gagne	2l 13ſ	4	400 l. gagne	2l. ſ
500 l. gagne	3l 6ſ	8	500 l. gagne	2l.10ſ
600 l. gagne	4l		600 l. gagne	3l. ſ
700 l. gague	4l 13ſ	4	700 l. gagne	3l.10ſ
800 l. gagne	5l 6ſ	8	800 l. gagne	4l. ſ
900 l. gagne	6l		900 l. gagne	4l.10ſ
1000 l. gagne	6l 13ſ	4	1000 l. gagne	5l. ſ
2000 l. gagne	13 l 6ſ	8	2000 l. gagne	10l. ſ
3000 l. gagne	20l ſ		3000 l. gagne	15l. ſ
4000 l. gagne	26l 13ſ	4	4000 l. gagne	20l. ſ
5000 l. gagne	33l 6ſ	8	5000 l. gagne	25l. ſ
6000 l. gagne	40l		6000 l. gagne	30l. ſ
7000 l. gagne	46l 13 ſ 4		7000 l. gagne	35l. ſ

2 l. gagnét		1	2 gagnent	f	1
3 l. gagne		2	3	f	1
4 l. gagne		3	4	f	2
5 l. gagne		4	5	f	2
6 l. gagne		5	6	f	3
7 l. gagne		6	7	f	3
8 l. gagne		7	8	f	4
9 l. gagne		8	9	f	4
10 l. gagne		8	10	f	5
20 l. gagne	1f.	4	20	f	6
30 l. gagne	2f.		30	1 f	
40 l. gagne	2f.	8	40	1 f	6
50 l. gagne	3 f.	4	50	2 f	
60 l. gagne	4f.		60	2 f	6
70 l. gagne	4f.	8	70	3 f	
80 l. gagne	5f.	4	80	3 f	6
90 l. gagne	6f.		90	4 f	
100 l. gagne	6f.	8	100	4 f	6
200 l. gagne	13f.	4	200	5 f	
300 l. gagne	1l.—f.		300	10 f	
400 l. gagne	1l. 6f.	8	400	15 f	
500 l. gagne	1l.13f.	4	500	1l. 5 f	
600 l. gagne	2l.—f.		600	1l. f	
700 l. gagne	2l. 6f.	8	700	1l.10 f	
800 l. gagne	2l 13f.	4	800	1l.15 f	
900 l. gagne	3l.—f.		900	2l. f	
1000 l. gagne	3l. 6f.	8	1000	2l. 5 f	
2000 l. gagne	6l.13f.	4	2000	2l.10 f	
3000 l. gagne	10l.—f.		3000	5l. f	
4000 l. gagne	13l. 6f.	8	4000	7l.10 f	
5000 l. gagne	16l.13f.	4	5000	10l. f	
6000 l. gagne	20l.—f.		6000	14l.10 f	
7000 l. gagne	23l. 6f.	8	7000	15l. f	
				17l.10 f	

Le change à 1. quin pour cent gagnent sur cent livres 4.f.

Le change à 1. six pour cent gagnès 3.f. 4. sur cent livres.

	gagnent		gagnent
1 l.	f	1 l.	f 0
2 l.	f	2 l.	f 0
3 l.	f 1	3 l.	f 0
4 l.	f 1	4 l.	f 0
5 l.	f 2	5 l.	f 2
6 l.	f 2	6 l.	f 2
7 l.	f 3	7 l.	f 3
8 l.	f 3	8 l.	f 3
9 l.	f 4	9 l.	f 3
10 l.	f 4	10 l.	f 4
20 l.	f 9	20 l.	f 8
30 l.	1.f 2	30 l.	1.f
40 l.	1.f 7	40 l.	1.f 4
50 l.	2.f	50 l.	1.f 8
60 l.	2.f 4	60 l.	2.f
70 l.	2.f 9	70 l.	2.f 4
80 l.	3.f 2	80 l.	2.f 8
90 l.	3.f 7	90 l.	3.1
100 l.	4.f	100 l.	3.f 4
200 l.	8.f	200 l.	6.f 8
300 l.	12.f	300 l.	10.f
400 l.	16.f	400 l.	13.f 4
500 l.	1 l. f	500 l.	16.f 8
600 l.	1 l. 4.f	600 l.	1 l. f
700 l.	1 l. 8.f	700 l.	1 l. 3.f 4
800 l.	1 l. 12.f	800 l.	1 l. 6.f 8
900 l.	1 l. 16.f	900 l.	1 l. 10 f
1000 l.	2 l. f	1000 l.	1 l. 13.f 4
2000 l.	4 l. f	2000 l.	3 l. 6.f 8
3000 l.	6 l. f	3000 l.	5 l. f
4000 l.	8 l. f	4000 l.	6 l. 13.f 4
5000 l.	10 l. f	5000 l.	8 l. 6.f 8
6000 l.	12 l. f	6000 l.	10 l. f
7000 l.	14 l. f	7000 l.	11 l. 13.f 4

Liquidation d'intereſt au denier 18.

Pour an an.				Pour ſix mois.			
1 l. — gagne		1 ſ	1 d	1 l. gagn:		ſ	6 d
2 l. —		2 ſ	2 d	2 l.		1 ſ	1 d
3 l. —		3 ſ	4 d	3 l.		1 ſ	8 d
4 l. —		4 ſ	5 d	4 l.		2 ſ	2 d
5 l. —		5 ſ	6 d	5 l.		2 ſ	9 d
6 l. —		6 ſ	8 d	6 l.		3 ſ	4 d
7 l. —		7 ſ	9 d	7 l.		3 ſ	10 d
8 l. —		8 ſ	10 d	8 l.		4 ſ	5 d
9 l. —		10 ſ	d	9 l.		5 ſ	d
10 l. —		11 ſ	1 d	10 l.		5 ſ	6 d
20 l. —	1 l	2 ſ	2 d	20 l.		11 ſ	1 d
30 l. —	1 l	13 ſ	4 d	30 l.		16 ſ	8 d
40 l. —	2 l	4 ſ	5 d	40 l.	1 l	2 ſ	2 d
50 l. —	2 l	15 ſ	6 d	50 l.	1 l	7 ſ	9 d
60 l. —	3 l	6 ſ	8 d	60 l.	1 l	13 ſ	4 d
70 l. —	3 l	17 ſ	9 d	70 l.	1 l	18 ſ	10 d
80 l. —	4 l	8 ſ	10 d	80 l.	2 l	4 ſ	5 d
90 l. —	5 l	ſ	d	90 l.	2 l	10 ſ	d
100 l. —	5 l	11 ſ	1 d	100 l.	2 l	15 ſ	6 d
200 l. —	11 l	2 ſ	3 d	200 l.	5 l	11 ſ	1 d
300 l. —	16 l	13 ſ	4 d	300 l.	8 l	6 ſ	8 d
400 l. —	22 l	4 ſ	5 d	400 l.	11 l	2 ſ	2 d
500 l. —	27 l	15 ſ	6 d	500 l.	13 l	17 ſ	9 d
600 l. —	33 l	6 ſ	8 d	600 l.	16 l	13 ſ	4 d
700 l. —	38 l	17 ſ	9 d	700 l.	19 l	8 ſ	10 d
800 l. —	44 l	8 ſ	10 d	800 l.	22 l	4 ſ	5 d
900 l. —	50 l	ſ	d	900 l.	25 l	ſ	d
1000 l. —	55 l	11 ſ	1 d	1000 l.	27 l	15 ſ	6 d
2000 l. —	111 l	2 ſ	2 d	2000 l.	55 l	11 ſ	1 d
3000 l. —	166 l	13 ſ	4 d	3000 l.	83 l	6 ſ	8 d
4000 l. —	222 l	4 ſ	5 d	4000 l.	111 l	2 ſ	2 d

Pour ſçauoir l'intereſt de 900. l. pour trois mois, voyez cy-deſſus, que pour 6. mois 900. l. gagnent 25 l. & pour 3. mois l'on gagne la moitié qui eſt 12. l. 10. ſ.

Liquidation d'intérêts au denier 16.

Pour un an.					Pour ſix mois.				
1 l.— gagné		1 ſ	3 d		1 l gagnét		ſ	7 d	
2 l.—		2 ſ	6 d		2 l	1 ſ		3 d	
3 l.—		3 ſ	9 d		3 l	1 ſ		10 d	
4 l.—		5 ſ	d		4 l	2 ſ		6 d	
5 l.—		6 ſ	3 d		5 l	3 ſ		1 d	
6 l.—		7 ſ	6 d		6 l	3 ſ		9 d	
7 l.—		8 ſ	9 d		7 l	4 ſ		4 d	
8 l.—		10 ſ	d		8 l	5 ſ		d	
9 l.—		11 ſ	3 d		9 l	5 ſ		7 d	
10 l.—		12 ſ	6 d		10 l	6 ſ		3 d	
20 l.—	1 l	5 ſ	d		20 l	12 ſ		6 d	
30 l.—	1 l	17 ſ	6 d		30 l	18 ſ		9 d	
40 l.—	2 l	10 ſ	d		40 l	1 l	5 ſ	d	
50 l.—	3 l	2 ſ	6 d		50 l	1 l	11 ſ	3 d	
60 l.—	3 l	15 ſ	d		60 l	1 l	17 ſ	6 d	
70 l.—	4 l	7 ſ	6 d		70 l	2 l	3 ſ	9 d	
80 l.—	5 l	ſ	d		80 l	2 l	10 ſ	d	
90 l.—	5 l	12 ſ	6 d		90 l	2 l	16 ſ	3 d	
100 l.—	6 l	5 ſ	d		100 l	3 l	2 ſ	6 d	
200 l.—	12 l	10 ſ	d		200 l	6 l	5 ſ	d	
300 l.—	18 l	15 ſ	d		300 l	9 l	7 ſ	6 d	
400 l.—	25 l	ſ	d		400 l	12 l	10 ſ	d	
500 l.—	31 l	5 ſ	d		500 l	15 l	12 ſ	6 d	
600 l.—	37 l	10 ſ	d		600 l	18 l	15 ſ	d	
700 l.—	43 l	15 ſ	d		700 l	21 l	17 ſ	6 d	
800 l.—	50 l	ſ	d		800 l	25 l	ſ	d	
900 l.—	56 l	5 ſ	d		900 l	28 l	2 ſ	6 d	
1000 l.—	62 l	10 ſ	d		1000 l	31 l	5 ſ	d	
2000 l.—	125 l	ſ	d		2000 l	62 l	10 ſ	d	
3000 l.—	187 l	10 ſ	d		3000 l	93 l	15 ſ	d	
4000 l.—	250 l	ſ	d		4000 l	125 l	ſ	d	

Notez que ſi vous voulez ſçavoir l'intérêts
de 3000. l. pour trois mois, prenez la moitié de
93. l. 15. ſ. cy-deſſus pour 6. mois ſerôt 46. l. 17. ſ. 6. d.
pour trois mois.

EXPLICATION
des Escontes.

UN Marchand a acheté de marchandises à la somme de 3000. livres, à payer dans trois mois, qui est un payement, du depuis l'achepteur propose de payer ladite somme cõptant, en lui rabattant deux & demi pour cent, sçavoir quelle somme l'achepteur doit donner à son vendeur, & pour cette raison faut aller à la page où l'esconte est à 2. & demi pour cent, vous y trouverez pour 3000. l. que l'achepteur ne payera que 2926. l. 16.7 lequel gagnera d'esconter   73. l. 3.5

Si quelqu'un ignoroit que lad. Reigle ne fust faite en bon ordre en voici une preuve tres-asseurée. Premierement, l'esconte étât ôté, comme se voit cy-dessus, qui est 73.l.3.s. 5.d. de 3000. l. restent 2926. l. 16.s. 7. d de laquelle somme je tire le change à raison te de 2. & demi pour cent, il vient 73.l. 3.s. 5.d. nombre égal à l'esconte, ce qui fait voir que la Reigle est bonne, lesquelles 73.l.3.s. 5.d. ajoûtées avec les 2926.l.16.s.7.d. viendra 3000.l.cõme se voit à l'exemple ci-aprés.

EXEMPLE.
Pour faire le Change desd. 2926.l.16.s.7.d. de l'esconte cy-dessus, il faut aller à la page

desChâges à 2.;—pour cét, vous trouverez que

2000. l. gagnent	50. l.—.f.—
900. l. gagnent	22. l. 10. f.—
20. l. gagnent	—. l. 10. f.—
6. l. gagnent	—. l. 3. f.—
—. l. 16. f. 7. d. gagnét envirõ	—. l. —. f. 5

2926. l. 16. f. 7. d.   73. l. 3. f. 5

Faut ajoûter l'efconte qui eft
comme vous voyez cy-deffus 2926.l. 16.f. 4

Le tout monte   3000. l.—.f.—

Cet Exemple vous fervira pour l'inftru-
ction des Changes & des Efcontes, pour
ramaffer les parties fuivant le prix du change & efconte que l'on aura à faire.

Il eft à noter qu'il fe faut bien donner de
garde lors qu'une perfonne paye par avan-
ce, de ne pas faire comme il y en a plufieurs,
qui fe contentent de déduire le change, au
lieu de faire l'efconte, comme par exemple:
Si l'achepreur qui a payè les 3000. l. en déduifant le change à 2. & demy pour 100.
au lieu de faire l'efconte, il fe trouveroit que
le vendeur perdroit 36. f. 7. d. fur 100. l. parce
que déduifant le change de 3000. l. à 2. & demy pour cent, vient 75. l.

Et déduifant l'efconte à 2. & demy pour
cent, celuy qui reçoit ne perd que 73. l. 3. f. 5.
La difference du change & d'efconter eft
comme ce voit cy-deffus de   1. l. 16. f. 7

Par là fe voit qu'il y a bien de la difference de déduire le Change & faire l Efconte, où bien de gens fe trompent, ne fçachant
pas faire les Efcontes.

TABLE POVR LES ESCONTES,
& pour les faire brievement.

a 101 pour 100. diuisez la somme par   101

a 101 *& un quart* pour 100 diuisez par   81

a 101 *& 1. tiers* pour 100 divisez par   61

a 102 pour 100 diuisez par   51

a 102 *& demi* diuisez par   41

a 102 *& 2. tiers* multipliez par 2 & diuis. par 77

a 103 *& 1. tier* pour 100 diuisez par   31

a 103 *& 3. quarts* multipliez par 3. & diuis. par 83

a 104 pour 100 diuisez par   26

a 105 pour 100 diuisez par   21

a 106 pour 100 multipliez par 3 & diuisez par 53

a 106 *& 1. quart* pour 100 diuisez par   17

a 107 *& demy* pour 100 multipliez par 3. & diui-
        sez par   43

a 108 *& 1. tier* pour 100 diuisez par   13

a 110 pour 100 diuisez par   11

a 112 pour 100 multipliez par 3. & diuisez par 28

a 112 *& demy* pour 100 diuisez par   9

a 113 *& 1. tier pour* 100 multipliez par 2. & di-
        visez par   17

a 113. & 3. quarts multipliez par 11. & divis. par 91

a 114 pour 100 multipliez par 7 & diuisez par 57

a 114 *& 2. tiers* multipliez par 1. & diuisez par 86

a 115 pour 100 multipliez par 3. & diuisez par 23

a 116 pour 100 multipliez par 4. & diuisez par 29

a 116 *& 2. tiers* pour 100 divisez par   7

a 117 *& demy*, multipliez par 7. & diuisez par 47

a 118 pour 100 multipliez par 9. & diuisez par 59

a 118 *& 3. quarts* multipliez par 3. & diuis par 19

a 120 pour 100 diuisez par   6

a 122 *& demy* multipliez par 9. & diuisez par 49

a 125 pour 100 diuisez par   5

a 127 *& demy*, multipliez par 11. & diuis. par 51

a 130 pour 100 multipliez par 3. & diuisez par 13

Quoy qu'il y ayt beaucoup de prix differens dans la Table cy-deuant pour les Escontes; neanmoins, Il arriue bien souuent dans les affaires entre Marchands d'autres prix, qui ne se trouueront pas dans ladite Table, ny dans les comptes tous faits des Escontes; c'est pourquoy il est bon de donner un exemple, comme il les faut dr.sler par la reigle de trois, comme par exemple pour tirer l'esconte de 3000. l. à 104.& 2. tiers pour 100. lequel ne se trouue pas dans la Table, pour le plus brief, il faut multiplier ladite somme par 7. & la diuiser par 157. ce qui en viendra par la diuision sera l'esconte qui est 133. l. 15. s. 2.d. qu'il faudra desduire de 3000. l. étant déduit, seront 2866. l. 4 s. 10.l. que celui qui paye en escontant payera pour lesdites 3000. l.

La raison de ce que l'on multiplie par 7. & que l'on diuise par 157. est que les 104.2. tiers étát multipliez par 3. en ajoûtant les 2. tiers, sont 314. tiers & la moitié desdites 314. tiers sont 157. pour partiteur, & les 4. 2. tiers étant aussi mis en tiers, sont 14. tiers & la moitié sont 7. qui est pour le multiplicateur, ainsi se fait pour toute sorte d'esconte quand les prix sont à nombres rompus, comme par exemple en demis, entiers, & en quarts, il les faut reduire en demis, en quarts, & en tiers, comme cy-dessus a été dit, à 104. 2. tiers, & comme cy-bas.

E X E M P L E.

Si —104.⅔—dône 4. ⅔—cőbien l'esconte de 3000.l.

3.	3.	7.l.
314.tiers	14.tiers	210 00.
157.demis,	7.demis tiers.	

133.l. 15.s. 2.d. qui est pour l'esconte desdit 3000 l. étant deduites seront 2866.l. 4.s. 10.d. qu'il faut payer en escontant.

1. l. gagnent	f 2 d
2 l. —	f 4 d
3 l. —	f 7 d
4 l. —	f 9 d
5 l. —	f 11 d
6 l. —	1 f 2 d
7 l. —	1 f 4 d
8 l. —	1 f 7 d
9 l. —	1 f 9 d
10 l. —	1 f 11 d
20 l. —	3 f 11 d
30 l. —	5 f 11 d
40 l. —	7 f 11 d
50 l. —	9 f 11 d
60 l. —	11 f 10 d
70 l. —	13 f 10 d
80 l. —	15 f 10 d
90 l. —	17 f 9 d
100 l. —	19 f 9 d
200 l. —	1 l 19 f 7 d
300 l. —	2 l 19 f 4 d
400 l. —	3 l 19 f 2 d
500 l. —	4 l 19 f d
600 l. —	5 l 18 f 9 d
700 l. —	6 l 18 f 7 d
800 l. —	7 l 18 f 5 d
900 l. —	8 l 18 f 2 d
1000 l. —	9 l 18 f d
2000 l. —	19 l 16 f d
3000 l. —	29 l 14 f 1 d
4000 l. —	39 l 12 f 1 d
5000 l. —	49 l 10 f 1 d
6000 l. —	59 l 8 f 2 d
7000 l. —	69 l 6 f 2 d

1 l. gagnent	f 3
2 l —	f 7
3 l —	f 10
4 l —	1 f 2
5 l —	1 f 5
6 l —	1 f 9
7 l —	2 f
8 l —	2 f 4
9 l —	2 f 7
10 l —	2 f 11
20 l —	5 f 10
30 l —	8 f 10
40 l —	11 f 9
50 l —	14 f 9
60 l —	17 f 8
70 l —	1 l f 8
80 l —	1 l 3 f 7
90 l —	1 l 6 f 6
100 l —	1 l 9 f 6
200 l —	2 l 19 f 1
300 l —	4 l 8 f 8
400 l —	5 l 18 f 2
500 l —	7 l 7 f 9
600 l —	8 l 17 f 4
700 l —	10 l 6 f 10
800 l —	11 l 16 f 5
900 l —	13 l 6 f
1000 l —	14 l 15 f 6
2000 l —	29 l 11 f 1
3000 l —	44 l 6 f 8
4000 l —	59 l 2 f 3
5000 l —	73 l 17 f 9
6000 l —	88 l 13 f 4
7000 l —	103 l 8 f 11

Eſconter à 2. pour cent.				Eſconter à 2. & demi pour cent.			
1. gagnent		ſ	4	1 l. gagnent		ſ	5
2 l.		ſ	9	2 l.		ſ	11
3 l.		1 ſ	2	3 l.		1 ſ	5
4 l.		1 ſ	6	4 l.		1 ſ	11
5 l.		1 ſ	11	5 l.		2 ſ	5
6 l.		2 ſ	4	6 l.		2 ſ	12
7 l.		2 ſ	8	7 l.		3 ſ	4
8 l.		3 ſ	1	8 l.		3 ſ	10
9 l.		3 ſ	6	9 l.		4 ſ	4
10 l.		3 ſ	11	10 l.		4 ſ	10
20 l.		7 ſ	10	20 l.		9 ſ	9
30 l.		11 ſ	9	30 l.		14 ſ	7
40 l.		15 ſ	8	40 l.		19 ſ	6
50 l.		19 ſ	7	50 l.	1 l	4 ſ	4
60 l.	1 l	3 ſ	6	60 l.	1 l	9 ſ	3
70 l.	1 l	7 ſ	5	70 l.	1 l	14 ſ	2
80 l.	1 l	11 ſ	4	80 l.	1 l	19 ſ	
90 l.	1 l	15 ſ	3	90 l.	2 l	3 ſ	10
100 l.	1 l	19 ſ	2	100 l.	2 l	8 ſ	9
200 l.	3 l	18 ſ	5	200 l.	4 l	17 ſ	6
300 l.	5 l	17 ſ	7	300 l.	7 l	6 ſ	4
400 l.	7 l	16 ſ	10	400 l.	9 l	15 ſ	
500 l.	9 l	16 ſ		500 l.	12 l	3 ſ	10
600 l.	11 l	15 ſ	3	600 l.	14 l	12 ſ	8
700 l.	13 l	14 ſ	6	700 l.	17 l	1 ſ	5
800 l.	15 l	13 ſ	8	800 l.	19 l	10 ſ	2
900 l.	17 l	12 ſ	11	900 l.	22 l	18 ſ	9
1000 l.	19 l	12 ſ	1	1000 l.	24 l	7 ſ	9
2000 l.	39 l	4 ſ	1	2000 l.	48 l	15 ſ	7
3000 l.	58 l	16 ſ	5	3000 l.	73 l	3 ſ	5

Pour ſçauoir l'eſconte de 3000. livres à 2. & demi pour cent; Voyez cy deſſus que l'on gagne deſconter, —— 73. l. 3. ſ. 5. d.

Et l'on ne paye que   2926. l. 16. ſ. 7. d.

Escompter à 3 pour cent :

	l.	ſ	d.
1 l. 1 l. gagnent			6
2 l. —		1ſ	1
3 l. —		1ſ	8
4 l. —		2ſ	3
5 l. —		2ſ	10
6 l. —		3ſ	5
7 l. —		4ſ	
8 l. —		4ſ	7
9 l. —		5ſ	2
10 l. —		5ſ	9
20 l. —		11ſ	7
30 l. —		17ſ	5
40 l. —	1 l	3ſ	3
50 l. —	1 l	9ſ	1
60 l. —	1 l	14ſ	11
70 l. —	2 l		9
80 l. —	2 l	6ſ	7
90 l. —	2 l	12ſ	5
100 l. —	2 l	18ſ	3
200 l. —	5 l	16ſ	6
300 l. —	8 l	14ſ	9
400 l. —	11 l	13ſ	
500 l. —	14 l	11ſ	3
600 l. —	17 l	9ſ	6
700 l. —	20 l	7ſ	9
800 l. —	23 l	6ſ	
900 l. —	26 l	4ſ	3
1000 l. —	29 l	2ſ	6
2000 l. —	58 l	5ſ	
3000 l. —	87 l	7ſ	6
4000 l. —	116 l	10ſ	1
5000 l. —	145 l	12ſ	7
6000 l. —	174 l	15ſ	1
7000 l. —	203 l	17ſ	8

Escompter à 4 pour cent :

	l.	ſ	d.
1 l. gagnent			9
2 l —		1ſ	6
3 l —		2ſ	3
4 l —		3ſ	
5 l —		3ſ	10
6 l —		4ſ	7
7 l —		5ſ	4
8 l —		6ſ	1
9 l —		6ſ	11
10 l —		7ſ	8
20 l —		15ſ	4
30 l —	1 l	3ſ	
40 l —	1 l	10ſ	9
50 l —	1 l	18ſ	5
60 l —	2 l	6ſ	1
70 l —	2 l	13ſ	10
80 l —	3 l	1ſ	6
90 l —	3 l	9ſ	2
100 l —	3 l	16ſ	11
200 l —	7 l	13ſ	10
300 l —	11 l	10ſ	9
400 l —	15 l	7ſ	8
500 l —	19 l	4ſ	7
600 l —	23 l	1ſ	6
700 l —	26 l	18ſ	5
800 l —	30 l	15ſ	4
900 l —	34 l	12ſ	3
1000 l —	38 l	9ſ	2
2000 l —	76 l	18ſ	5
3000 l —	115 l	7ſ	8
4000 l —	153 l	16ſ	11
5000 l —	192 l	6ſ	1
6000 l —	230 l	15ſ	4
8000 l —	69 l	4ſ	7

Eſconter à 5. pour cent.				Eſconter à 6. pour cent.			
1 l. gagnent		ſ	11	1 l. gagnent		1ſ	1
2 l. —		1ſ	10	2 l —		2ſ	3
3 l. —		2ſ	10	3 l —		3ſ	4
4 l. —		3ſ	9	4 l —		4ſ	6
5 l. —		4ſ	9	5 l —		5ſ	7
6 l. —		5ſ	8	6 l —		6ſ	9
7 l. —		6ſ	8	7 l —		7ſ	11
8 l. —		7ſ	7	8 l —		9ſ	
9 l. —		8ſ	6	9 l —		10ſ	2
10 l. —		9ſ	6	10 l —		11ſ	3
20 l. —		19ſ		20 l —	1l	2ſ	7
30 l. —	1l	8ſ	6	30 l —	1l	13ſ	11
40 l. —	1l	18ſ	1	40 l —	2l	5ſ	3
50 l. —	2l	7ſ	7	50 l —	2l	16ſ	7
60 l. —	2l	1ſ	1	60 l —	3l	7ſ	11
70 l. —	3l	6ſ	8	70 l —	3l	19ſ	2
80 l. —	3l	16ſ		80 l —	4l	10ſ	6
90 l. —	4l	5ſ	8	90 l —	5l	1ſ	10
100 l. —	4l	15ſ	1	100 l —	5l	13ſ	2
200 l. —	9l	10ſ	5	200 l —	11l	6ſ	4
300 l. —	14l	5ſ	8	300 l —	16l	19ſ	7
400 l. —	19l	ſ	11	400 l —	22l	12ſ	9
500 l. —	23l	15ſ	2	500 l —	28l	6ſ	
600 l. —	28l	11ſ	5	600 l —	33l	19ſ	2
700 l. —	33l	6ſ	8	700 l —	39l	12ſ	5
800 l. —	38l	1ſ	10	800 l —	45l	5ſ	7
900 l. —	42l	17ſ	1	900 l —	50l	18ſ	10
1000 l. —	47l	12ſ	4	1000 l —	55l	12ſ	
2000 l. —	95l	4ſ	9	2000 l —	113l	4ſ	1
3000 l. —	142l	17ſ	1	3000 l —	169l	16ſ	2
4000 l. —	190l	9ſ	6	4000 l —	226l	8ſ	3
5000 l. —	3 l	1ſ	10	5000 l —	283l	ſ	4
6000 l. —	285l	14ſ	3	6000 l —	319l	12ſ	5
7000 l. —	333l	6ſ	8	7000 l —	396l	4ſ	6

Escompter à 7. pour cent.				Escompter à 8. pour cent.			
1 l. gagnent		1 f	3	1 l. gagnent		1 f	5
2 l. —		2 f	7	2 l. —		2 f	11
3 l. —		3 f	11	3 l. —		4 f	5
4 l. —		5 f	2	4 l. —		5 f	11
5 l. —		6 f	6	5 l. —		7 f	4
6 l. —		7 f	10	6 l. —		8 f	10
7 l. —		9 f	1	7 l. —		10 f	4
8 l. —		10 f	5	8 l. —		11 f	10
9 l. —		11 f	9	9 l. —		13 f	4
10 l. —		13 f	1	10 l. —		14 f	9
20 l. —	1 l	6 f	2	20 l. —	1 l.	9 f	7
30 l. —	1 l	19 f	3	30 l. —	2 l.	4 f	5
40 l. —	2 l	12 f	4	40 l. —	2 l.	19 f	3
50 l. —	3 l	5 f	5	50 l. —	3 l.	14 f	
60 l. —	3 l	18 f	6	60 l. —	4 l.	8 f	10
70 l. —	4 l	11 f	7	70 l. —	5 l.	3 f	8
80 l. —	5 l	4 f	8	80 l. —	5 l	18 f	6
90 l. —	5 l	17 f	9	90 l. —	6 l.	13 f	4
100 l. —	6 l	10 f	10	100 l. —	7 l.	8 f	1
200 l. —	13 l	1 f	8	200 l. —	14 l.	16 f	3
300 l. —	1? l	11 f	6	300 l. —	22 l.	4 f	5
400 l. —	26 l	3 f	4	400 l. —	29 l.	12 f	7
500 l. —	3? l	14 f	2	500 l. —	37 l.	f	8
600 l. —	?9 l	? f		600 l. —	44 l.	8 f	10
700 l. —	45 l	15 f	10	700 l. —	51 l.	17 f	
800 l. —	5? l	6 f	8	800 l. —	59 l.	5 f	2
900 l. —	58 l	1 f	6	900 l. —	66 l.	13 f	4
1000 l. —	65 l	8 f	4	1000 l. —	74 l.	1 f	5
2000 l. —	130 l	16 f	9	2000 l. —	148 l.	2 f	11
3000 l. —	195 l	5 f	1	3000 l. —	222 l.	4 f	5
4000 l. —	261 l	13 f	7	4000 l. —	296 l.	5 f	11
5000 l. —	317 l	2 f		5000 l. —	370 l.	7 l	4
6000 l. —	?9 l	10 f	5	6000 l. —	444 l.	8 f	10
7000 l. —	457 l	8 f	10	7000 l. —	518 l.	10 f	4

Eſconter à 9. pour cent.			Eſconter à 10. pour cent.		
1 l. gagnent	1 ſ	7	1 l gagnent	1 ſ	9
2 l. —	3 ſ	3	2 l —	3 ſ	7
3 l. —	4 ſ	11	3 l —	5 ſ	5
4 l. —	6 ſ	7	4 l —	7 ſ	3
5 l. —	8 ſ	3	5 l —	9 ſ	1
6 l. —	9 ſ	10	6 l —	10 ſ	10
7 l. —	11 ſ	6	7 l —	12 ſ	8
8 l. —	13 ſ	2	8 l —	14 ſ	6
9 l. —	14 ſ	10	9 l —	16 ſ	4
10 l. —	16 ſ	6	10 l —	18 ſ	2
20 l. —	1 l 13 ſ		20 l —	1 l 16 ſ	4
30 l. —	2 l 9 ſ	6	30 l —	2 l 14 ſ	6
40 l. —	3. 6 ſ		40 l —	3 l 12 ſ	8
50 l. —	4 l 2 ſ	6	50 l —	4 l 10 ſ	10
60 l. —	4 l 19 ſ		60 l —	5 l 9 ſ	1
70 l. —	5 l 15 ſ	7	70 l —	6 l 7 ſ	3
80 l. —	6 l 12 ſ	1	80 l —	7 l 5 ſ	5
90 l. —	7 l 8 ſ	7	90 l —	8 l 3 ſ	7
100 l. —	8 l 5 ſ	1	100 l —	9 l 1 ſ	9
200 l. —	16 l 10 ſ	3	200 l —	18 l 3 ſ	7
300 l. —	24 l 15 ſ	4	300 l —	27 l 5 ſ	5
400 l. —	33 l ſ	6	400 l —	36 l 7 ſ	3
500 l. —	41 l 5 ſ	8	500 l —	45 l 9 ſ	1
600 l. —	49 l 10 ſ	9	600 l —	54 l 10 ſ	10
700 l. —	57 l 15 ſ	11	700 l —	63 l 12 ſ	8
800 l. —	66 l 1 ſ	1	800 l —	72 l 14 ſ	6
900 l. —	74 l 6 ſ	2	900 l —	81 l 16 ſ	4
1000 l. —	82 l 11 ſ	4	1000 l —	90 l 18 ſ	2
2000 l. —	165 l 2 ſ	9	2000 l —	181 l 16 ſ	4
3000 l. —	247 l 14 ſ	1	3000 l —	272 l 14 ſ	6
4000 l. —	330 l 5 ſ	6	4000 l —	363 l 12 ſ	8
5000 l. —	412 l 16 ſ	11	5000 l —	454 l 10 ſ	10
6000 l. —	495 l 8 ſ	3	6000 l —	545 l 9 ſ	1
7000 l. —	577 l 19 ſ	8	7000 l —	636 l 7 ſ	3

1 l. gagnent	1 f 11		1 l. gagnent	2 f 2
2 l. ——	3 f 11		2 l. ——	4 f 5
3 l. ——	5 f 11		3 l. ——	6 f 8
4 l. ——	7 f 11		4 l. ——	8 f 10
5 l. ——	9 f 10		5 l. ——	11 f 1
6 l. ——	11 f 10		6 l. ——	13 f 4
7 l. ——	13 f 10		7 l. ——	15 f 6
8 l. ——	15 f 10		8 l. ——	17 f 9
9 l. ——	17 f 10		9 l. ——	1 l. f
10 l. ——	19 f 9		10 l. ——	1 l. 2 f 2
20 l. ——	1|19 f 7		20 l. ——	2 l. 4 f 5
30 l. ——	2|19 f 5		30 l. ——	3 l. 6 f 8
40 l. ——	3|19 f 3		40 l. ——	4 l. 8 f 10
50 l. ——	4|19 f 1		50 l. ——	5 l. 11 f 1
60 l. ——	5|18 f 11		60 l. ——	6 l. 13 f 4
70 l. ——	6|18 f 8		70 l. ——	7 l. 15 f 6
80 l. ——	7|18 f 6		80 l. ——	8 l. 17 f 9
90 l. ——	8|18 f 4		90 l. ——	10 l. f
100 l. ——	9|18 f 2		100 l. ——	11 l. 2 f 2
200 l. ——	19|16 f 4		200 l. ——	22 l. 4 f 5
300 l. ——	29|14 f 7		300 l. ——	33 l. 6 f 8
400 l. ——	39|12 f 9		400 l. ——	44 l. 8 f 10
500 l. ——	49|10 f 11		500 l. ——	55 l. 11 f 1
600 l. ——	59| 9 f 2		600 l. ——	66 l. 13 f 4
700 l. ——	69| 7 f 4		700 l. ——	77 l. 15 f 6
800 l. ——	79| 5 f 7		800 l. ——	88 l. 17 f 9
900 l. ——	89| 3 f 9		900 l. ——	100 l. f
1000 l. ——	99| 1 f 11		1000 l. ——	111 l. 2 f 2
2000 l. ——	198| 3 f 11		2000 l. ——	222 l. 4 f 5
3000 l. ——	297| 5 f 11		3000 l. ——	333 l. 6 f 8
4000 l. ——	396| 7 f 11		4000 l. ——	444 l. 8 f 10
5000 l. ——	495| 9 f 10		5000 l. ——	555 l. 11 f 1
6000 l. ——	594|11 f 10		6000 l. ——	666 l. 13 f 4
7000 l. ——	693|13 f 10		7000 l. ——	777 l. 15 f 6

	13 pour cent				14 pour cent		
1 l. gagnent		2 ſ	3	1 l gagnent		2 ſ	5
2 l.—		4 ſ	7	2 l.—		4 ſ	10
3 l.—		6 ſ	10	3 l.—		7 ſ	4
4 l.—		9 ſ	2	4 l.—		9 ſ	9
5 l.—		11 ſ	6	5 l.—		12 ſ	3
6 l.—		13 ſ	9	6 l.—		14 ſ	8
7 l.—		16 ſ	1	7 l.—		17 ſ	2
8 l.—		18 ſ	4	8 l.—		19 ſ	7
9 l.—	1 l	ſ	8	9 l.—	1 l	2 ſ	1
10 l.—	1 l	3 ſ		10 l.—	1 l	4 ſ	6
20 l.—	2 l	6 ſ		20 l.—	2 l	9 ſ	2
30 l.—	3 l	9 ſ		30 l.—	3 l	13 ſ	8
40 l.—	4 l	12 ſ		40 l.—	4 l	18 ſ	2
50 l.—	5 l	15 ſ		50 l.—	6 l	2 ſ	9
60 l.—	6 l	18 ſ		60 l.—	7 l	7 ſ	4
70 l.—	8 l	1 ſ		70 l.—	8 l	11 ſ	11
80 l.—	9 l	4 ſ		80 l.—	9 l	16 ſ	5
90 l.—	10 l	7 ſ		90 l.—	11 l	1 ſ	
100 l.—	11 l	10 ſ	1	100 l.—	12 l	5 ſ	7
200 l.—	23 l	ſ	2	200 l.—	24 l	11 ſ	2
300 l.—	34 l	10 ſ	3	300 l.—	36 l	16 ſ	10
400 l.—	46 l	ſ	4	400 l.—	49 l	2 ſ	5
500 l.—	57 l	10 ſ	5	500 l.—	61 l	8 ſ	
600 l.—	69 l	ſ	6	600 l.—	73 l	13 ſ	8
700 l.—	80 l	10 ſ	7	700 l.—	85 l	19 ſ	3
800 l.—	92 l	ſ	8	800 l.—	98 l	4 ſ	10
900 l.—	103 l	10 ſ	9	900 l.—	110 l	10 ſ	6
1000 l.—	115 l	ſ	10	1000 l.—	122 l	16 ſ	1
2000 l.—	230 l	1 ſ	9	2000 l.—	245 l	11 ſ	3
3000 l.—	345 l	2 ſ	7	3000 l.—	368 l	8 ſ	5
4000 l.—	460 l	3 ſ	6	4000 l.—	491 l	4 ſ	6
5000 l.—	575 l	4 ſ	5	5000 l.—	614 l	ſ	8
6000 l.—	690 l	5 ſ	3	6000 l.—	736 l	16 ſ	10
7000 l.—	805 l	6 ſ	2	7000 l.—	859 l	12 ſ	11

Esconter à 15. pour cent.				Esconter à 16. pour cent.			
1 l. gagnent		2 f	7	1 l gagnent		2 f	9
2 l. —		5 f	2	2 l —		5 f	6
3 l. —		7 f	9	3 l —		8 f	3
4 l. —		10 f	5	4 l —		11 f	
5 l. —		13 f		5 l —		13 f	9
6 l. —		15 f	7	6 l —		16 f	6
7 l. —		18 f	3	7 l —		19 f	3
8 l. —	1l	f	10	8 l —	1l	2 f	
9 l. —	1l	3 f	5	9 l —	1l	4 f	9
10 l. —	1l	6 f	1	10 l —	1l	7 f	7
20 l. —	2l	12 f	2	20 l —	2l	15 f	2
30 l. —	3l	18 f	3	30 l —	4l	2 f	9
40 l. —	5l	4 f	4	40 l —	5l	10 f	4
50 l. —	6l	10 f	5	50 l —	6l	17 f	11
60 l. —	7l	16 f	6	60 l —	8l	5 f	6
70 l. —	9l	2 f	7	70 l —	9l	13 f	1
80 l. —	10l	8 f	8	80 l —	11l	f	8
90 l. —	11l	14 f	9	90 l —	11l	8 f	3
100 l. —	13l	f	10	100 l —	13l	15 f	10
200 l. —	26l	1 f	8	200 l —	27l	11 f	8
300 l. —	39l	2 f	7	300 l —	41l	7 f	7
400 l. —	52l	3 f	5	400 l —	55l	3 f	5
500 l. —	65l	4 f	4	500 l —	68l	19 f	3
600 l. —	78l	5 f	3	600 l —	82l	15 f	2
700 l. —	91l	6 f	1	700 l —	96l	11 f	
800 l. —	104l	6 f	1	800 l —	110l	6 f	10
900 l. —	117l	7 f	9	900 l —	124l	2 f	9
1000 l. —	130l	8 f	8	1000 l —	137l	18 f	7
2000 l. —	260	17 f	4	2000 l —	275l	17 f	2
3000 l. —	39.1	6 f	1	3000 l —	413l	15 f	10
4000 l. —	521	14 f	9	4000 l —	551l	14 f	5
5000 l. —	652	3 f	5	5000 l —	689l	13 f	1
6000 l. —	781	11 f	1	6000 l —	827l	11 f	8
7000 l. —	913l	f	10	7000 l —	965l	10 f	4

Esconter à 17. pour cent.				Esconter à 18. pour cent			
1 l. gagnent		2 ſ	10	1 l. gagnent		3 ſ	
2 l. ——		5 ſ	9	2 l. ——		6 ſ	1
3 l. ——		8 ſ	8	3 l. ——		9 ſ	1
4 l. ——		11 ſ	7	4 l. ——		12 ſ	2
5 l. ——		14 ſ	6	5 l. ——		15 ſ	3
6 l. ——		17 ſ	5	6 l. ——		18 ſ	3
7 l. ——	1 l	ſ	4	7 l. ——	1 l	1 ſ	4
8 l. ——	1 l	3 ſ	2	8 l. ——	1 l	4 ſ	5
9 l. ——	1 l	6 ſ	1	9 l. ——	1 l	7 ſ	6
10 l. ——	1 l	9 ſ		10 l. ——	1 l	10 ſ	6
20 l. ——	2 l	18 ſ	1	20 l. ——	3 l	1 ſ	
30 l. ——	4 l	7 ſ	2	30 l. ——	4 l	11 ſ	6
40 l. ——	5 l	16 ſ	2	40 l. ——	6 l	2 ſ	
50 l. ——	7 l	5 ſ	3	50 l. ——	7 l	12 ſ	6
60 l. ——	8 l	14 ſ	4	60 l. ——	9 l	3 ſ	
70 l. ——	10 l	3 ſ	5	70 l. ——	10 l	13 ſ	6
80 l. ——	11 l	12 ſ	5	80 l. ——	12 l	4 ſ	
90 l. ——	13 l	1 ſ	6	90 l. ——	13 l	14 ſ	6
100 l. ——	14 l	10 ſ	7	100 l. ——	15 l	5 ſ	1
200 l. ——	29 l	1 ſ	2	200 l. ——	30 l	10 ſ	2
300 l. ——	43 l	11 ſ	9	300 l. ——	45 l	15 ſ	3
400 l. ——	58 l	2 ſ	4	400 l. ——	61 l	ſ	4
500 l. ——	72 l	12 ſ	11	500 l. ——	76 l	5 ſ	5
600 l. ——	87 l	3 ſ	7	600 l. ——	91 l	10 ſ	6
700 l. ——	101 l	14 ſ	2	700 l. ——	106 l	15 ſ	7
800 l. ——	116 l	4 ſ	9	800 l. ——	122 l	ſ	8
900 l. ——	130 l	15 ſ	4	900 l. ——	137 l	5 ſ	9
1000 l. ——	145 l	5 ſ	11	1000 l. ——	152 l	10 ſ	10
2000 l. ——	290 l	1 ſ	11	2000 l. ——	305 l	1 ſ	8
3000 l. ——	435 l	17 ſ	11	3000 l. ——	457 l	12 ſ	6
4000 l. ——	581 l	3 ſ	11	4000 l. ——	610 l	3 ſ	4
5000 l. ——	726 l	9 ſ	10	5000 l. ——	762 l	14 ſ	2
6000 l. ——	871 l	15 ſ	10	6000 l. ——	915 l	5 ſ	1
7000 l. ——	1017 l	1 ſ	10	7000 l. ——	1067 l	15 ſ	11

CETTE DERNIERE PARTIE

étant achevée, & l'ayant communiquée à quelques perſonnes de merite qui me font cet honneur que d'avoir quelque eſtime pour moy, ils m'ont conſeillé pour une entiere perfection de cet Ouvrage, d'y ajoûter la Reduction des meſures étrangeres, comme auſſi celle des poids, ce que j'ay fait le plus ſuccintement & le plus clairement qu'il m'a été poſſible.

Et pour faire leſdites reductions, il faut bien ſçavoir *la Regle de trois*, laquelle eſt compoſée de 3. *nombres* pour en trouver *un quatriéme*, en y obſervant l'Ordre cy-après, qui eſt de mettre pour *premier nombre* de ladite *Regle*, la meſure ou poids de la Province, ſa valeur au *ſecond nombre*, & ce qu'on veut reduire au *troiſiéme nombre*, en ſorte que le *premier nombre*, ſe trouve de la même nature que le *troiſiéme*, c'eſt à dire que ſi l'on parle, *de Canes*, d'aunes, des marcs, des livres, ou autre choſe, il faut que le *troiſiéme*, ſoit de cannes, d'aunes, des marcs, des livres, ou autre choſe. Et le principal fondement de cette *Regle* conſiſte à la bien diſpoſer; car eſtant bien ordonnée, il ne faut que multiplier le *ſecond nombre* par le *troiſiéme*, & partir le produit de la multiplication par le *premier nombre*. Et de la partition viendra le nombre qu'on demande, comme ſe voit cy-après.

Si 100. livres de Paris, font 116. de Lyon, combien 155. livres de Paris, il vient pour réponce 179. livres 12. onces de Lyon, ainſi ſe fait toutes ſortes de reductions, & autres comptes.

ü íí

Y

*Regles pour reduire toutes les mesures, tant
de France qu'Estrangeres, du plus haut
au moins & du moins au plus.*

En Provence, Avignon, Montpellier, la
mesure s'appelle canne, elle contient une aune
deux tiers de Lyon, & une aune fait 3. cinquiémes de canne: pour en faire la reduction
il faut dire:

*Si trois cannes font cinq aunes de Lyon, combien
tant de cannes ?*

Et les aunes de Lyon en canne, il faut
dire :

*Si cinq aunes font trois cannes, combien tant
d'aunes?*

A Thoulouse & dans tout le Languedoc, la
mesure s'appelle aussi canne, elle contient une
aune & demie de Lyon, & une aune dudit lieu
fait deux tiers de canne : pour en faire la reduction il faut dire :

*Si 2. cannes font trois aunes de Lyon, combien tant
de cannes ?*

Et les aunes de Lyon en cannes, faut dire :

Si 3. aunes font 2. cannes, combien tant d'aunes !

En Arragon, en Espagne, la mesure s'appelle *varres*, elle est égale à celle de Thoulouse ; c'est pourquoy il en faut faire la reduction
de la mesme maniere que celle cy-dessus.

En Angleterre la mesure s'appelle *verges*,
elle contient sept neufviémes d'aune de Lyon
& une aune de Lyon fait une verge 2. septiémes. Pour en faire la reduction il faut dire:

*Si 9. verges font 7. aunes de Lyon, combien tant de
verges.*

Et les aunes de Lyon en verges, il faut
dire :

Si 7. aunes, de Lyon font 9. verges combien tant
d'aunes.

En Hollande la mesure s'appelle aune comme à Lyon, elle ne fait que quatre septiémes d'aunes de Lyon, & celles de Lyon une
aune trois quarts d'aune d'Hollande.

Pour reduire les aunes d'Hollande en celle de Lyon, il faut dire :

Si sept aunes d'Hollande font quatre aunes de Lyon,
combien tant d'aunes d'Hollande.

Et les aunes d'Hollande en celles de Lyon,
il faut dire :

Si quatre aunes de Lyon font sept aunes d'Hollande, combien tant d'aunes de Lyon.

En Flandre & en Allemagne, leurs mesures
s'appellent aussi aunes : elles font uniformes,
c'est à dire d'une même longueur. L'aune de
Flandre & d'Allemagne contient sept douzié-
mes d'aune de Lyon, & celle de Lyon fait
une aune cinq septiémes de celle desdits lieux.
Et pour en faire la reduction il faut dire :

Si 12. aunes de Flandre ou d'Allemagne font 7.
aunes de Lyon, combien tant d'aunes de Flandre
ou d'Allemagne.

Et les aunes d'Allemagne & de Flandre en
celles de Lyon, il faut dire:

Si 7. aunes de Lyon font 12. aunes d'Allemagne ou
de Flandre, combien tant d'aunes de France.

Dans la Castille en Espagne la mesure s'appelle *barre*, elle fait cinq septiémes d'aune de
Lyon, & une aune de Lyon fait une *barre*, deux
cinquiémes, & pour reduire les barres de Castille en aunes de Lyon, il faut dire :

Si 7. barres de Castille font cinq aunes de France,
combien tant de barres ;

Et les aunes de Lyon en barres de Castille,
il faut dire :

Si 5. aunes de France font 7. barres, combien tant d'aunes ;

A Valence en Espagne la mesure s'appelle aussi *barre*; elle contient dix treiziémes d'aunes de Lyon, & une aune de Lyon fait une barre un dixiéme Pour reduire les barres de Valence en Espagne, en celle de Lyon, il faut dire :

Si 13. barres font 10. aunes, combien tant de barres.

Et les aunes de Lyon en barres de Valence, il faut dire :

Si 10. aunes font 13. barres, combien tant d'aunes :

Les mesures en Piedmont s'appellent *Ras*, & à Lucque *Brasse*, elles font d'une même grandeur, & contiennent demie aune de Lyon, & l'aune de Lyon fait 2. Ras ou Brasses : pour en faire les reductions à celle de Lyon, il faut dire :

Si un Ras de Piedmont, ou Brasse de Lucque fait demie aune de France, combien tant de Ras ou Brasses.

Et les aunes de Lyon en Ras, ou en Brasse, il faut dire :

Si une aune de Lyon fait 2. Ras ou Brasses, combien tant d'aunes ;

A Venise Boulongne, Vodene, & Mantoué, leurs mesures font d'une même grandeur, on les appelle Brasses, une Brasse fait huit quinziémes d'aune de Lyon & pour faire une aune, il faut une Brasse sept huitiémes pout faire la reduction de ces Brasses à l'aune de Lyon, il faut dire :

Si 15. Brasses font 8. aunes, combien tant de Brasses.

Et les aunes de Lyon en Brasses, il faut dire :

Si 8. aunes font 15. Brasses, combien tant d'aunes :

A Gennes la mesure s'appelle *Palme*, elle fait cinq vingt-quatriémes d'aunes de Lyon, & pour faire une aune, il faut 4. palmes, quatre cinquiémes, & pour faire la reduction des palmes en aunes de Lyon, il faut dire:

Si 24. palmes font 5. aunes, combien tant de palmes:

Et les aunes de Lyon en palmes, il faut dire:

Si 5. aunes font 24. palmes, combien tant d'aun 1.

A Bergame la mesure s'appelle *Brasse*, elle fait 5. neuviémes d'aunes de Lyon, & pour faire une aune, il faut une Brasse 4. cinquiémes, Pour en faire la reduction, il faut dire:

Si 9. brasses font 5. aunes, combien tant de brasses:

Et les aunes de Lyon en brasses de Bergame, il faut dire:

Si 5. aunes font 9. brasses, combien tant d'aunes:

A Florence la mesure s'appelle aussi brasse, elle contient un peu moins de demie aune de Lyon, pour en faire la reduction, il faut dire:

Si 100. brasses font 49. aunes, combien tant de brasses.

Et les aunes de Lyon en brasses, il faut dire:

Si 49. aunes font 100. brasses, combien tant d'aunes:

A Seville la mesure s'appelle *verge*, elle contient 17. vingt-quatriémes d'aunes, & pour faire une aune de Lyon, il faut une verge sept dix-septiémes, & pour faire la reduction, il faut dire:

Si 24. verges font 17. aunes, combien tant de verges.

Si 17. aunes font 24. verges, combien tant d'aunes.

A Naples la mesure s'appelle canne, elle fait une aune, quinze dix-septiémes de Lyon, & pour faire une aune de Lyon, il faut 17. trente-deuxiémes de canne, & pour faire la redu-

Reduction des mesures Estrangeres.

Ction des cannes en aunes, il faut dire:

Si 17. cannes de Naples font 32. aunes de Lyon, combien tant de cannes.

Et les aunes de Lyon en cannes de Naples.

Si 32. aunes font 17. cannes, combien tant d'aunes.

Et les aunes de Troye en celles de Lyon.

Il faut dire si 3. aunes de Troye font 2. aunes de
Lyon, combien tant d'aunes de Troye.

---

*Suit cy-après les noms de 22. Villes ou
Provinces entre lesquelles il y a corres-
pondance pour les poids.*

PREMIERE TABLE.

100. l. de poids de Paris, Amsterdam, Bezançon &
Strasbourg sont égales à

116. De Lyon,

96. d'aux tiers, de Roüen,

121. De Tholose Montpellier & Avignon.

123. De Marseille, & de la Rochelle,

89. De Geneve,

101. De Bourg en Bresse,

165. & demy. De Venise,

155. De Genes, Milan & Piedmont,

105. D'Anvers,

98. De Basle, Berne, Franc-fort & Nuremberg,

109 & demy. De Londres.

Notez, que la livre de Paris contient deux
marcs faisans seize onces.

Comme aussi la livre d'Amsterdam, Strasbourg
& Besançon aussi 16. onces.

De sorte que les reductions que l'on fera des
poids des autres endroits à celuy de Paris, peu-
vent aussi servir pour lesdites villes d'Amsterdam,
Strasbourg, & Besançon, puis qu'elles sont égales, & le poids de marc de 8. onces, pour l'or &
l'argent, il est égal par tout.

SECONDE TABLE.

100.l. De Lyon font égales à
86. De Paris, Amſterdam, Bezançon & Strasbourg.
83. *un tiers*. De Roüen,
104. De Tholoſe, Montpellier & Avignon.
106. De Marſeille, & la Rochelle,
77. De Geneve,
87. De Bourg en Breſſe,
145. De Veniſe,
133. *un tiers*. De Genes, Milan, & Piedmont.
98. D'Anvers,
85. De Baſle, Berne, Franc-fort & Nuremberg,
94. De Londres,

Notez, qu'en cette ville de Lyon, il y a deux
ſortes de poids, l'un eſt le poids de ville, où ſe
vendent & peſent toutes ſortes de marchandiſes,
& danrées, qui peſent 14. onces poids de marc :
Neanmoins il eſt diviſé en 16. onces foibles, &
l'autre eſt le poids où ſe peſent la ſoye, qui contient 15. onces poids de marc.

TROISIE·ME TABLE.

100.l. De Roüen ſont égales à
110. De Lyon,
104. De Paris, Amſterdam, Bezançon & Straſ-
    bourg,
115. De Tholoſe, Montpellier & Avignon,
117. *& demy*. De Marſeille, & la Rochelle,
92. De Geneve,
105. De Bourg en Breſſe,
171. *& demy*. De Veniſe,
160. De Genes, Milan & Piedmont,
109. D'Anvers,

102. De Basle, Berne, Franc-fort & Nuremberg,
113. *trois quarts.* De Londres.

QUATRIE'ME TABLE.

100.l. De Tholose , Montpellier & Avignon font égales à

96. De Lyon,

83. De Paris, Amsterdam , Bezançon , & Strasbourg ,

80. De Roüen,

102. De Marseille, & de la Rochelle,

74. De Genéve,

83. *deux tiers.* De Bourg en Bresse ,

137. De Venise,

128. De Genes, Milan & Piedmont,

87. *un quart.* D'Anvers ,

81. *un tiers.* De Basle , Berne, Franc-fort & Nuremberg .

90. *trois quarts.* De Londres.

CINQUIE'ME TABLE.

100.l. De Marseille & la Rochelle font égales à

94. De Lyon,

81. De Paris , Amsterdam , Bezançon , & Strasbourg,

78. *deux tiers.* De Roüen.

98. De Tholose , Montpellier & Avignon,

72. *un quart.* De Genéve.

82. De Bourg en Bresse,

134. *un quart.* De Venise,

125. *un tiers.* De Genes, Milan & Piedmont,

85. *& demy.* D'Anvers,

79. *deux tiers.* De Basle, Berne, Franc-fort & Nuremberg ,

88. *trois quarts.* De Londres.

SIXIE'ME TABLE.

100.l. De Genéve font égales à
133. De Lyon,
112. De Paris, Amfterdam, Bezançon, & Straf-
  bourg,
108. *un tiers.* De Roüen,
135. *un tiers.* De Tholofe, Montpellier & Avignon,
138. De Marfeille & la Rochelle,
113. De Bourg en Breffe,
185. *un tiers.* De Venife,
173. De Genes, Milan & Piedmont,
118. D'Anvers,
110. De Bafle, Berne, Franc-fort & Nuremberg,
123. De Londres.

SEPTIE'ME TABLE.

100.l. de Bourg en Breffe font égales à
115. De Lyon,
99 De Paris, Amfterdam, Bezançon, & Straf-
  bourg,
95. *un quart.* De Roüen,
120. De Tholofe, Montpellier & Avignon,
122. De Marfeille, & la Rochelle,
88. *& demy.* De Genéve,
164. De Venife,
153. *& demy.* De Genes, Milan & Piedmont,
104 *& demy.* D'Anvers,
97. De Bafle, Berne, Franc-fort & Nuremberg,
108. *trois quarts.* De Londres.

HUITIE'ME TABLE.

100.l. De Venise sont égales à

70. De Lyon ,

60. *un tiers.* De Paris , Amsterdam, Bezançon & Strasbourg ,

58. *un tiers.* De Roüen,

73. De Tholose , Montpellier & Avignon,

74. *& demy.* De Marseille , & la Rochelle,

54. De Genéve,

61. De Bourg en Bresse,

93. *un tiers.* De Genes, Milan & Piedmont,

63. *un tiers.* D'Anvers,

59. *un tiers.* De Basle , Berne, Franc-fort & Nuremberg,

95. *un tiers.* De Londres.

NEVFIE'ME TABLE.

100.l. De Genes , Milan, & Piedmont , sont égales à

75. De Lyon ,

64. *& demy.* De Paris, Amsterdam, Bezançon & Strasbourg ,

62. *& demy.* De Roüen,

78. De Tholose , Montpellier & Avignon,

79. *trois quarts.* De Marseille , & la Rochelle,

57. *trois quarts.* De Genéve,

65. *trois quarts.* De Bourg en Bresse,

107. De Venise,

68. *un cinquiéme.* D'Anvers,

63. *& demy.* De Basle, Berne, Franc-fort & Nuremberg ,

71. De Londres.

DIXIÉME TABLE.

100. l. d'Anvers sont égales à

110. De Lyon,

95. De Paris, Amsterdam, Bezançon & Strasbourg,

91. *deux tiers.* De Roüen.

114. *un quart.* De Tholose, Montpellier & Avignon,

116. *& demy.* De Marseille, & la Rochelle,

84. *un quart.* De Genéve,

96. De Bourg en Bresse,

157. De Venise,

146. *deux tiers.* De Genes, Milan & Piedmont,

95. De Basle, Berne, Franc-fort & Nuremberg,

104 De Londres.

ONZIÉME TABLE.

100. l. De Basle, Berne, Franc-fort & Nuremberg sont égales à

117. *trois quars.* De Lyon,

101. De Paris, Amsterdam, Bezançon, & Strasbourg,

98. De Roüen,

113. De Tholose, Montpellier & Avignon,

115. *& demy.* De Marseille & la Rochelle,

91. De Geneve,

103. De Bourg en Bresse,

168. *& demy.* De Venise,

157. *un tier.* De Genes, Milan & Piedmont,

107. *un quart.* D'Anvers,

111. *& demy.* De Londres.

DOUXIE'ME TABLE.

100.l. De Londres font égales à
105. De Lyon,
91. & *demy*. De Paris, Amfterdam, Bezançon &
   Strasbourg,
88. De Roüen,
110. De Tholose, Montpellier & Avignon,
112. & *demy*. De Marseille, & la Rochelle,
81. *un quart*. De Geneve,
91. De Bourg en Bresse,
166. De Venise.
141. De Genes, Milan, & Piedmont,
103. D'Anvers,
39. *deux tiers*. De Basle, Berne, Franc-fort & Nuremberg.

F I N.

www.ingramcontent.com/pod-product-compliance
Lightning Source LLC
Chambersburg PA
CBHW072315210326
41519CB00057B/5148